台客劇場的人生實驗室

實驗室

人生

林冠廷 —— 著

推薦序

為晦暗未明的世代，
照出一條可走的路

黃之揚

　　在資訊爆炸的年代，我們的專注力都渙散。在海量的資訊當中，多的都是過眼雲煙，少的是從此改變。什麼時候，有一個事件讓你停下來、好好思考、然後改變了你？

　　台客導演Alex就有這個力量。

　　我們的組織RE-THINK一直號召淨灘，透過網路社群的力量號召超過兩萬人參與環保行動。行動中，我們也常問參與者：「你們是怎麼知道我們的？」偶爾，就會有參與者說：「我是看到台客劇場認識你們的。」

　　Alex一開始拍攝了我們的淨灘行動，之後自己也開始號召淨灘，他的粉絲、其他YouTuber們都熱烈響應。網路世代中，從線上到線下要走過一條漫長的路，要粉絲們看你的內容、按按讚或分享都相對容易，但要在大家看後，喜歡、認同，甚至以行動回應你、與你面對面，這就相對

困難了。

　　從淨灘、電音淨灘到淨街，Alex 不斷實驗用飄在雲端的社群媒體，創造出一次次接地氣的社群互動。背後有什麼成功的原因呢？除了專業技術外，我想是因為真誠，也是我一直最喜歡導演的地方。

　　從一開始的想法，到實際的行動，無論成功或失敗，他都坦然跟所有粉絲掏心掏肺，甚至示弱、承認錯誤也無妨（像是「活動臨時改地點，差點挫屎」之類的，大剌剌講出來我也是佩服啦）。在多少影片中，他也都叨叨絮絮，把他相信的價值用好理解的方式講出。

　　社群網站的特性是內容不斷後浪推前浪，很多議題都風靡一時後便被世界遠遠拋諸腦後，而且更迭的速度越來越快。然而，台客劇場一次次創造的內容並非船過水無痕，影響力產生漣漪，幾位更年輕的人也受影響加入 YouTuber 行列，金魚腦、白昆禾等也都用自己敘述的風格、傳遞更多想法，許多學生也開始模仿導演的環保生活，甚至回到學校、班上影響同儕。

　　「欸你要不要去國外？台灣環境不好，年輕人還是出

去闖闖吧！」我未滿三十歲，偶爾還是有人會這麼問我。

　　我想這是在這茫然的世代中，很多年輕人卡關的問題。是啊，我們這個世代，看到越來越多台灣世代性的問題：社會資源分配不均、低薪機會少、政治鬥爭內耗、無法再漠視的環境議題等。

　　積累出的問題，難免讓年輕人覺得台灣的未來沒什麼值得期待，不如享受眼下的小確幸吧。

　　但是，到底是台灣真的那麼不好，還是她的好沒有被拿出來大肆鳴放？那些惦惦愛台灣的人、那些嶄新的商業模式和創新設計、那些正在改變社會，同時不但沒窮死還能賺錢的人們，這些都是走出來的路、都是需要被下個世代看見的模式。

　　包含台客在內，我們需要更多人，創造、傳遞更多台灣的好故事、新文化，為這個晦暗未明的世代，照出一條可走的路。

　　（本文作者為RE-THINK重新思考環境教育協會創辦人）

各界推薦

　　每個父親對自己的孩子都有期待，但從林導小時候開始，我們父子的對話一直是平等開放的，像是朋友，無所不談，經常是鼓勵不設限。他用自己的興趣和方式，勇於表達對社會人事物的關懷思考，並且身體實踐力行。曾有報導以「跨世代的網紅力量」來形容林導和我，各自以網路影片創造的影響，但或許名氣不重要，然而我卻看見了他散發的正向影響力，甚至帶來美好改變，是我這位驕傲父親所樂見的。

——時尚老人　林經甫

　　之前，我很喜歡看林冠廷導演拍的《台客劇場》每一部影片都會讓人看過之後令人深思。

　　現在，我很開心能看到他出書，不僅多一些了解他的機會，更是讓他用文字的力量去影響更多的人關注環保，關注一些我們人性的「軟肋」等等議題。

　　人生就像是一個實驗室，做的每一個嘗試並沒有正確

答案，唯獨自己走過，才會知道什麼是成功，希望藉由這本書，可以帶領更多的人一起行動！

——知名作家／哈佛心理學專家　劉軒

　　對土地與人深切的關懷，一個又一個充滿好奇與探索的行動，想成為用行動帶來改變的人，一定不能錯過。

——人生百味共同創辦人　巫彥德

　　台客劇場林冠廷導演是我很崇拜的創作者。永遠堅持自己的理想，不譁眾取寵、不落入俗套地用他的方式說故事給觀眾。希望大家聽完台客劇場的故事，也能有些啟發，並去創造自己的故事。

——影音部落客　HowHow

　　改變世界，從願意改變自己開始；改變自己，從勇敢實驗生命出發。我們推薦書、推薦林導，更推薦那讓他不斷願意改變自己的耶穌。

——網路創作者　100種理想

　　每每見到我崇拜的林冠廷大叔，為找出社會問題的根源，身體力行親自實踐，於是我想：「不然我也來試試？」原來實驗室精神，是會傳染的。在看完大叔的淨灘影片後，前幾日我在澎湖的海邊，不自覺地會去留意垃圾多不多、提醒自己與朋友務必把垃圾帶走。只想說，謝謝大叔（抱）。

——環保小尖兵　廣告小妹

　　滑著手機螢幕或按著電腦鍵盤抱怨批評台灣很容易，也幾乎是大部分台灣人的日常習慣。我總想問這些朋友：「然後呢？」罵得再有文采或按讚、分享數達到新高後，問題不會因此解決，總得有人付出行動實踐，才有改善的可能。《台客劇場的人生實驗室》就是林冠廷導演身體力行直接挑戰問題，希望從自己開始讓台灣更好。台灣承載的困境，無法僅靠一位救世主、一個政黨、一個政府就能得到救贖，得靠每一個人願意改變想法，團結聯合起來才有可能。

——主持人／演員　焦糖陳嘉行

很久以前就看過台客的影片，最早的印象就是質感很好、節奏很棒、台客很帥還有住得很近而已。

直到一次去沙崙外拍，驚覺台北居然有這麼乾淨的沙灘，才知道這是多方淨灘的成果。之後我們便迫不及待參加了花東的淨灘，也如願跟本人聊上幾句。

台灣最不缺的就是動一張嘴，鍵盤愛動物、鍵盤愛地球、鍵盤愛台灣，卻不知道自己永遠在實踐者的足跡後，享受著樹蔭。敬那些汗、那些用心，敬實踐者的足跡。

——情侶插畫家　賴賴＆織織

在數位世代裡，網路影響著生活，社會越混亂，越需要使命感的存在，很開心有冠廷的出現，他的影片，影響了我的生活、我的思維、我的態度。這本書在告訴大家，很多事情都可以靠別人教你，唯有「成功」，必須靠你自己走，走出一個屬於你的生活態度。

——網路演員　脖子

自序

一起走進不按牌理出牌的人生實驗室

常常有年輕人問我：要如何成為一個YouTuber？

這問題總讓我很難一下子就回答出來。為什麼？如果你想創作，隨時都可以成為YouTuber；如果你想出名，那麼YouTuber只是管道之一，你不一定要像我走這條路。至於為什麼我會走上這條路？坦白說，我幾乎是誤打誤撞的。多年前，我還夢想留在好萊塢成為大導演時，根本還沒有YouTuber這種職業——如果這也算是一種職業的話。

我在美國念書，離開學校後繼續在美國闖蕩很多年，沒弄出什麼成果，you know，身處異鄉，再加上有時候聽到人家分不清楚「Thailand」與「Taiwan」也會覺得沮喪，所以，其實我是帶著挫敗的感覺回到台灣。

回台後，也做過廣告、拍過一點東西，但始終沒有真正做出自己覺得多了不起的東西，用華人的價值觀來看，我年過四十，根本還沒闖出什麼名堂。

可能很多人以為像我這種從小就待在國外、接受美式

教育的人，人生一定很順利、很精采，好像很容易就能混生活，但我的人生並沒有大家想像的那樣順利，這樣講，你可能會覺得詫異：如果我不順利，還有誰順利？要嘛是我在開玩笑，再不就是身在福中不知福，畢竟我爸曾是還算有分量的醫生，而我兩歲就去美國，一路都接受美式教育，現在拍片拍成網紅，似乎讓某些年輕人覺得很羨慕（當然我也常被罵），這還不夠順利嗎？

　　其實我想說的是，華人總是習慣在既有的單一標準下來檢視一個人，包括出身如何、教育程度怎樣、是不是有成就、社會地位高或低等，然而，我們什麼時候真正放下這些條件來好好認識一個人，包括認識自己？如果沒有這些狹隘的標準，那我們又如何評估自己成功或失敗？

　　父親是醫生，在他的年代，當醫生有很高的社會地位，但我對當醫生一點興趣也沒有，所以很早就告訴他，我不想當醫生。

　　Okay，我爸算是開明也能尊重我的選擇，不想當醫生沒關係，那我要幹嘛？當時我對建築有興趣，所以跑去念建築，念著念著發現內容跟我想的差很多，很多住屋都

醜醜的,而且因為跟人沒有關係,所以住在裡面感覺冰冰冷冷的,我才知道我想做的是跟人有關的事,是要有溫度的,於是我轉念視覺藝術,這一念下去,覺得影像太有意思了,因此燃起我的電影夢。雖然到目前為止,我的「成就」就像文章一開頭跟大家告白的那樣,還沒有很了不起的作品,但是我想人生就是一個實驗室,在認識自己的路上不斷探索各種可能性,因此一定會有失敗、錯誤、不如意,但人生本來就是一直在這實驗過程中摸索出自己的一條路,不是嗎?

　　我爸很愛台灣,在他的年代,知識分子都充滿熱情地投入社會運動,他們希望藉由大家的力量,一起讓社會更好,正好他又很擅長溝通協調與動員組織,所以不管是社會運動或者社區營造,他都有一群夥伴,有目標、有計畫地去實踐。但到了我這年紀,社會氣氛加上我的個性,以「台客劇場」頻道來說,一開始只是從很個人的角度,並抱著想要認識家鄉的心情來創作,可能也跟我離鄉背井多年有關,因此小小的我,談不上任何環保意識或改造社會這麼偉大的使命。不瞞大家,在淨灘系列拍攝前,我也是

塑膠杯、寶特瓶不離手啊！拍攝淨灘，一開始只是為了拍攝 RE-THINK 的 Daniel，認識了淨灘後才好奇展開行動，之後的效應完全不是我原先所能設想的。

七十二小時的街友體驗，也是發自我很粗淺的疑問：為什麼有人會這麼弱勢，連家都沒有？我的淨灘伙伴楊峻傑就是一個讓我很震撼的例子。

不知道大家是否想過：當這些街友還不是街友以前，原本是什麼樣子？峻傑跟爸爸在街頭流浪過整整一年，而峻傑的父親原本是企業主，公司還有來自國際市場的訂單，家境比小康還要好，但就是會有這麼令人意外的一天，他們成了無家可歸的人，得露宿街頭。是不是我們每個人都有可能淪為街友？如果是，那我們又憑什麼歧視這群人？他們應該被理解、同理。但我也是經歷這一段拍攝後，才更加理解他們的處境，這件事也讓我感受到絕對不是成為三天街友體驗過後就結束，接下來，我還想做點什麼，這三天的體驗，或許才是開始而已。

「你敢不敢挑戰台北市最多菸蒂的一條街」是二〇一六年的實驗，算是早期作品，我沒想到這部影片不僅在

網路上獲得很大的迴響,而且還真的被政府官員當成一回
事,後來我也真的跟柯P一起淨街了!不僅天津街設置菸灰
缸,當然網友們給我很多激盪與回饋意見,才有了後續一
系列的淨街影片創作。

　　到目前為止,我的作品最受爭議的應該是生酮飲食
吧!會想親身進行低醣飲食實驗是因為老爸的糖尿病,老
爸自己就是醫生,對我的實驗沒有太多質疑,但他不停地
提醒我,製作影片時一定要跟觀眾提醒:「如果是糖尿病
患者,就要跟醫生配合討論,不要自己貿然進行實驗。」
我的著眼點不是宣稱我有多專業可以取代醫生,只是希望
透過實驗,對現在的醫學觀念提出一些可能的迷思與疑
問。

　　現代人重視健康,各種媒體每天都有大量訊息出現,
仔細閱讀這些資訊後,會發現這些內容常常是自相矛盾,
一下子說飽和脂肪好,一下子說不好;一會兒說咖啡好,
一會兒說不好,連被奉為養生的地瓜現在也有質疑聲音出
現。究竟誰說的才是對的?我相信這不只是我有困惑,而
是讀這本書的你與看過我影片的每一位朋友都有的疑問,

所以我才想用自己來做實驗，親身體驗感受會更確切。

　　看過我影片的朋友們大概會知道我的風格，我總是露臉當主角（連老婆、小孩都無法避掉鏡頭，小孩已經慢慢懂事，向我宣告未來不再入鏡），這不是愛現，而是為了落實並實踐。我認為，現在很多人的生活對於大環境充滿無力感，很容易就批評政府或者別人，當然，政府做得好不好，可以用客觀標準來檢視，但除了抱怨政府之外，我們是不是還能有什麼作為，從自己改變起？如果我們連一點行動都無法展現，就只剩下抱怨，那麼，這對個人人生與社會，並沒有太多的意義。

　　當然，若你現在問我，我做這些事情的意義是什麼？目標又是什麼？我一樣無法用三言兩語回答你。很多理解或者看見，總在行動後才會更加清楚明白，我唯一可以跟大家確定的是：把人生當成一個實驗室，一點都不會有事！所謂的成功，不是放諸四海皆準的道理，只有你自己走過，才會知道什麼是成功，什麼是你人生真正的意義。

　　歡迎你跟我一起走進不按牌理出牌的人生實驗室！

目 錄

video

FAIL FORWARD

5:20 / 9:30

第一章

人生該往哪走？

失敗真的不可怕也不可恥，
哪怕你被別人否定，
但只要你願意繼續嘗試，
一定會走出自己的路。

專注在自己的世界

「請問你對台灣教育有什麼看法？」

「你是怎麼知道自己要當YouTuber？」

這是我這幾年在演講或接受採訪時最常被問到的兩個問題。

起初，面對第一個問題時，我都會很誠實地告訴對方：「我沒辦法評論，也不了解台灣教育問題，因為我不曾在這個環境中接受教育。」

我兩歲去美國，中間一度回到台灣，但也是在台北美國學校受教育，接著再回美國念

書，直到完成大學學業後回台灣。我一直都不太在意別人
怎麼看我，比較專注在自己的世界裡，因此，當有這樣的
問題冒出來時，我完全不知道這會是一個問題。

　　當被問多了，從別人口中聽到我怎樣開放，或者我怎
樣不同，慢慢地我才知道原來我的思考方式跟很多人不太
一樣，我也開始觀察並試圖了解，才明白這問題背後應該
是跟我個人受教育的歷程與台灣多數人不一樣而觸發。

　　大家看到我有比較開放的態度，會自動判斷是否跟我
接受的「美式教育」有關，然而我覺得應該跟父母親的教
養與價值觀最有關連，然後才是跟美式教育組合後產生的
變化。

活到老，學到老的「初學者心態」

　　為什麼這樣說？台灣的朋友們真的不要以為美式教育
有多開放，因為美國校園裡的「上學模式」跟台灣沒什麼
兩樣，同樣都是一位老師在講台上面對數十位學生，老師

單向授課是主要的形式。只不過，美國環境本來就允許更多的個人意識展現，自由觀念也從小就深植在生活中，因此孩子能夠展現自我，而非像東方社會「群體先於個人」是主流價值觀。

雖然我們現在看起來好像每個人都有自由，也能夠暢所欲言，可是我們彼此也都知道現實生活中做很多決定時，都要考慮到父母親的感受，包括選念系所、選擇工作、選擇配偶等。

回想在美國求學的生活，比較多的記憶不是課堂，而是同學、玩滑板、去朋友家玩，腦海裡的老師早就成了一張張像印象派的臉，模模糊糊。

教育是什麼？真的已經想不起來我在學校都在幹嘛，所以你若真的問我「怎樣的教育比較好？」我滿贊成自學或者是蒙特梭利的教育方式，目前我就是把孩子送到蒙特梭利的幼兒園上學，希望培養他的自主性並開發潛能。

我的教育歷程，可沒這種自發性的學習環境，跟在台灣的你一樣，也是老師在上、同學在下，但是，我在中學

遇到了一位老師，他啟蒙了我非常多的思考關鍵，甚至影響我許多價值觀。記得有一次，他一上課，就把課本扔在地上，問我們：

「歷史是什麼？」

我們都嚇傻了，答不上話。

「歷史都是謊言！」老師很認真地思考這件事。

歷史怎麼會是謊言？這問題，我相信對現在的台灣讀者來說，都不會太驚嚇，因為我們經過政黨輪替，民主政治發展也有很長的時間，大家對於歷史的看法，也越來越多元，但是在我那個年代加上中學老師這樣講，可是讓學生耳目一新又有一點刺耳的感覺。

另一位影響我的人是教藝術的老師。

藝術老師不斷強調「Personal is universal and be stupid.」，這句話的意思不是要我們真的去當笨蛋，而是要把自己放在一種謙虛不知的狀態裡，如果我們把自己當成專家，以為什麼都懂，那才是真的stupid，老師談的就是「初學者心態」這種概念，換句話說，人無論多厲害，都

要抱著活到老、學到老的精神，這樣才能學得更多、學得更快。

　　真正的專家，始終會保有初學者心態，才能不斷更新自己的節奏與步伐。

不要害怕失敗，持續嘗試就對了！

　　至於常被問到的第二個問題：「你是如何知道自己要當 YouTuber？」

　　答案是：如果不是原本的計畫失敗，我從來也沒想到自己會成為 YouTuber！

　　剛回台灣找工作時，我進入廣告圈。

　　我很喜歡創意方面的工作，一心希望成為廣告公司的創意總監，但是最終我被炒魷魚了，因為貢獻度不夠，廣告生涯從此宣告「謝謝再聯絡」。你們看，我是不是也滿慘的？被老闆炒，而且是被認為表現不佳，要說很丟臉，

的確沒面子，但如果我陷入挫敗的情緒中而爬不起來，那就意味著我真的承認自己是個很失敗的人，因此，失業後，我很積極地抱著自己的作品去找工作、投履歷。

　　這大概是十年前的事，那時工作已經很難找了，尤其我們這一行，我比不上剛入社會的年輕人便宜，也不是功成名就，值得老闆花大錢請的創意人，我等於走進高不成、低不就的「曖昧階段」，我想應該有不少讀者朋友都經歷過這狀態或正在經歷這階段。

　　整整失業一年，後來透過朋友引薦，我認識了「攝影時尚教父」林炳存，他是很多大咖藝人的御用攝影師，非常厲害，但即使他有今天的地位，對工作仍然抱著熱情與專業的精神，這也呼應了我前面提到的「初學者心態」。

　　我跟著大哥工作七、八年，每天都充滿挑戰，但也很有成就感，因此奠定了影像美學與技術的基礎，後來大哥告訴我：「你自己可以獨立了！」

　　於是，我的人生第二次宣告離開舒適圈。

　　要出來靠自己，真的不是件容易的事。自由工作者，

聽起來很自由，很多年輕人都很嚮往，但如果案源不穩呢？加上我有小孩要養，這可是讓人很緊張的事。

　　起初，因為我才剛離開廣告圈，自然把接案目標鎖定在拍廣告。

　　我拍過四星彩、啤酒廣告，提案給廣告公司時，都以「不夠專業」被打槍。

　　哎！即使心中明白主會引領我，但是遇到這些不順遂，我還是免不了深感挫敗。幸好，正值我人生低潮時，網路跟微電影開始蓬勃發展，沒有預算、拍不了專業廣告的困境，在網路影片都可以獲得解決，讓我擺脫沒案可接的困境。怎麼說？

　　我打造自己的頻道與平台，建立自己的品牌，一步一步走過來，現在要和我合作的業主，前提是知道我的風格，於是就會有「品牌合作」的概念，不再是我「服務」客戶的關係，這樣一來，我的創意就能夠獲得發揮，不會受限於業主的單方面考量。

　　這過程當然也是一路摸索、跌跌撞撞，才會有今天的模樣，但是我可以很確定的是：失敗真的不可怕也不可

恥，哪怕你被別人否定，但是只要你願意繼續嘗試，一定
會走出自己的路。

信心不是天生的，靈感也非憑空而來

　　失敗，絕對不是你的專利，也不是我的，這邊要跟大
家分享另一個曾經面臨人生重大挫敗的人的故事──世界
排名第七的羽球好手周天成。

　　別以為排名第七是理所當然的事，或是認為周天成有
天賦，輕而易舉就可以登上世界體壇舞台，都錯了！
　　我曾跟著他度過一整天，深入了解一名運動員的日常
作息後，打從心底讚嘆運動選手的意志力真的超強，如果
不是這份堅定，成功不容易到手。
　　周天成的父母親很喜歡打羽球，在他幼稚園時也帶
他一塊兒打，意外發現這小子很有天分，決定好好開發他
的潛力，於是周天成加入小學的羽球隊，就這麼一路打到

國小高年級，比賽成績都很優異，有一回，周媽媽問他：「要不要換跑道，改打網球？」周天成回答：「不要啊！我都已經打到全國冠軍，幹嘛換？」從此以後，周媽媽再也沒第二句話，周天成的羽球路就這麼走下去。

「為什麼當時媽媽會希望你改打網球？」我問。

「因為網球獎金比較多啊！」周天成笑著說母親這務實的考量。

但是，小小的周天成的內心完全不因為媽媽或者獎金所動，他似乎很早就知道自己要走的路，這對很多人來說，並不是容易的事，為何周天成可以？

「我從很小的時候就立志要當選手、打奧運，這是我自己的目標，爸媽看到我從小就有目標，也很高興，他們對我沒有過多的干涉，老師也對我很包容，不會要求我的成績，而我自己也很自然地不會去和別人比較國語、數學，只專心打我的球。」

這是周天成一直以來的專注，他甚至沒有「Plan B」。

Plan B 的意思是在原定計畫之外的第二個選擇、第二

條路，我相信絕大多數的人都會有備案的習慣，就工作上來說，這也是縝密的表現。可是在周天成的人生裡，根本沒有這個詞，即使他在一年之後遭逢十連敗，可以說是一打就輸。這樣還能繼續嗎？不退下嗎？

周天成不是不能轉換跑道，而是他根本沒想過「Plan B」這件事，因此輸了，就繼續努力，就是這麼簡單。

每次他去演講時，聽眾問他：「為什麼可以這麼有自信不用 Plan B？」周天成說，三天不練球、五天不練球，然後出去比賽，你會有信心嗎？當然沒有信心，因此「信心是持續

練習累積出來的，而且要發展出自己的特色。」

　　這一點我很同意他說的，就像我也曾經每天練習拋出十個點子，往往就在發想第八個、第九個、第十個點子時，腦子會有一種擠不出來的爆炸感，這很像在運動或者做重訓時，身體快抵達終點時面臨崩潰臨界點的那種感覺，創意需要練習，也是一種腦力的訓練，久而久之，時間點到了，靈感就會「掉」下來，這絕非憑空而來的。

用行動證明自己的選擇

　　周天成的故事這兩集影片上線後，引起很多學生族群的共鳴。有一回，我去桃園家扶中心演講時，就有同學跟我分享他的經驗。

　　這位同學也讀體育系，大學以前也是被壓著讀書，父母親與環境就是不斷用一般的標準來要求他，但是他自己明白運動才是他的最愛，上了大學以後，他對於教練與救護員的角色有更多認識，也更加喜愛，因而慢慢將人生往

這方向調整，希望把所學的知識跟更多人分享。

　　我聽了這位同學的歷程後，很有感觸。

　　其實我也是被媽媽一路帶著走並接受傳統教育的模式，即使人在美國，父母親對小孩還是會有所期待，這一點，我跟周天成一樣比較幸運，我們的父母親都不太會限制我們發展自己喜歡的事。

　　舉例來說，我阿公、我爸是醫生，當然他們第一個期待就是我當醫生，繼承衣缽，但我很早就表明對行醫沒有興趣，我爸就不再多說。

　　此外，我爸基於愛台灣的熱情，收藏很多戲偶，數量多到足以讓他打造一座頗具規模的博物館❶，他也曾經希望我傳承他的熱情，但我對戲偶沒興趣，他也不再勉強我。

　　周天成的父母親對他當然也有所期待，但是他也會主動溝通，表達自己的想法，並且用行動證明自己的選擇與決定。

❶台原亞洲偶戲博物館

自己的路，要自己走出來

不管是周天成還是我，我想跟大家分享的是，父母親對子女有期待是很自然的事，為人子女其實不用太抗拒，但是我們可以為自己做的事，就是不放棄溝通與踏實付出，久而久之，我相信父母親都會慢慢看到你的堅持是值得被肯定的。

從另一方面來說，父母親也不用太擔心小孩的未來與前途，如果沒有長遠且通盤思考孩子的人生該怎麼走，一味地聚焦升學，擔心小孩上不了好學校，這樣只會把人生過得很狹隘，而且可能原本有的天賦才華也會因此被埋沒。

就像原本我們的世界充滿了各種水果與花草樹木，但是卻因為目光短淺且太強調競爭比較，把世界變得全都是蘋果、全都是櫻花，多元繽紛只剩下一元樣貌，這樣一來，原本好吃的蘋果、美麗的櫻花，都會讓人心生厭膩。

我很贊成小孩的功課不要太多，多出來的時間就是去玩，去探索自己真正的喜好，越早開始嘗試了解自己，對人生的茫然就會越少。

畢竟，這是自己的人生，得要自己面對，縱使此刻看

起來好像擺脫不了來自父母親的壓力，那麼只要想想五十歲的自己，還是要這麼害怕父母嗎？抑或只是拿父母當自己逃避人生抉擇的藉口？這樣答案就很明確了。

　　請你先相信自己，別怕向父母親表達自己的志趣，也不要害怕路上遭遇的失敗。人生該往哪走，你才是自己的領航者，唯有你願意為自己承擔時，才能走出一片屬於自己的天空！

周天成的實驗室語錄

相信自己

失敗後再次挑戰

證明你的實力

要做就要做到最好

真實的信心來自苦練

給自己清楚的目標

培養強項勝過功課好

發現自己的強項

台客劇場參照影音─────────────────

①我的生涯故事！今　
　天當 YouTuber 因
　為原先的計劃失敗

②頂尖運動選手的一　
　天「ft. 周天成 世界
　羽球第七名」！

video

5:20 / 9:30

第二章

他們給我的
生命教育

我們每個人來這世界，
都在學習著如何愛人與被愛，
如何在各種挑戰中仍堅定自己的
步伐，依循自己想要的人
生努力著。

我們生來好像就是理所當然地成長、茁壯、求學、工作，直到自己也成了一個家之後⋯⋯

有一天，老婆突然有感而發地告訴我：「自從當媽媽以後，我好像變得比較怕死了。」年輕時的自己，總是以自己為圓心，積極規畫人生藍圖，直到當了父母親以後，我們的心慢慢騰出一個位置，重心不知不覺移到孩子身上，因此當我老婆很有感觸地說出這些話時，一開始我不太明白，後來才懂得她的意思。

這也讓我感到很慚愧：我是不是還是以自我為中心呢？

因為我好像對死亡還沒有特別的感覺。

為了孩子，會變得怕死一點……

　　我阿公四十歲就回天家，算是英年早逝，而阿嬤已經一百歲了，也就是說，阿嬤沒有伴侶的單身生活已有六十年之久，比她有丈夫的時間還長。

　　阿嬤非常疼我，她有我爸跟叔叔兩個兒子，她曾說，阿公過世時，她一度難過得活不下去，很想去找阿公，但是傷心歸傷心，現實裡還有兩個兒子要養，總不能丟下他們不顧啊！

　　所以阿嬤就這樣一人扮演嚴父與慈母兩角，大半輩子不知不覺撐了過來，還能看到我結婚、當阿祖。

　　阿嬤的意志力很不簡單，我想這就是老婆說的，為了孩子，會變得怕死一點，不然小孩沒了爸爸或媽媽，不是很可憐嗎？

　　阿嬤是個很樂觀開朗的人，獨自撫養兩個兒子長大，

完全沒有怨言，而且從小跟阿嬤生活在一起，一直到我結婚後搬出去住，印象中的阿嬤永遠都像個過動兒一樣，動個不停，成天笑臉盈盈。

直到她中風，那個記憶中身手俐落靈活的阿嬤，突然消失了。

後來，阿嬤只能用眼睛、眼神和手，跟我們示意溝通，我們無法再靠言語交流，只能用心去聆聽老人家此時此刻的感受。有時候，她會流淚，外籍看護阿睇就會抱抱阿嬤，哄她睡、安慰她，讓她心情平靜一點，不再那麼傷心與恐慌。當我們都在外頭奔波忙碌時，是她守在阿嬤身邊，幫我們分擔了大部分的照顧時間。

也因此，當我捨不得阿嬤身體受苦時，看到在台灣的外籍看護們，我不禁會想：當他們離家跨國照顧別人家的老人時，就沒辦法照顧自己的媽媽，他們的家人，是誰在照顧？

阿睇有個兒子，因為年紀小，是阿睇的媽媽在照顧，他常常會因為思念阿睇而哭，但我想他長大以後，對於外婆的感情可能就會像我對阿嬤一樣深厚吧！

活得漂亮，不只為自己，也是為家人

這樣的關係真的很微妙，我們外表看起來不一樣，包括膚色、國籍、工作，但深究到骨子裡，我們還是一樣的：我們都有家人，對家人也都有一份責任與愛，而我們個人生命也都要經歷老、病、死的歷程。

不論是誰，最後都得走上這一步，那有沒有可能讓自己在這路上變得好走一點？也走得漂亮一些？

我跟爸爸聊起這件事，他對於生老病死的看法很豁達，可能也跟他是醫生有關。他最在乎的是，能不能讓生命品質好一些？

「什麼都變，唯有生老病死不變，如果疼愛家人，就要縮短臥床時間，如何縮短？就是多運動、維持健康、積極抗老，才能死得漂亮！」這是老爸退休後，邁入銀髮人生的深刻感受。因此他很積極地用各種方法照顧自己，包括經營「時尚老人」自媒體、生酮飲食對抗糖尿病、走入人群與社會連結，坦白說，有時候他的活力還比我好！

但我想這是因為我還有兩個小孩要帶，帶小孩很花體

力，而他的小孩，我，已經長大，不需要他花力氣。小孩真的是甜蜜的負擔，他們也讓我更知道如何成為一個有擔當的人。

我想，下半場的人生，不再只是為自己而活，而是要為愛的人付出更多，並且照顧好自己的健康，不讓家人被我拖累，這是很基本的要件。

全台灣最開心的工廠，到底在做什麼？

有一次，我受邀參訪台灣萊雅在桃園的倉儲，你一定會覺得奇怪：倉儲有什麼好參觀的？

沒有錯，一般來說，工廠的確沒什麼看頭，但是這個倉儲很不一樣，因為在這裡上班的是一群被外界貼上「心智障礙者」標籤的人，然而他們並沒有被標籤影響，整天工作都充滿笑容與活力，即使工作九個小時，員工仍然笑容滿面。

因此，我認為這是全台灣最開心的工廠！

這座開心工廠，是萊雅與春暉啟能中心合作的空間。春暉啟能中心主要收容的院生是憨兒，從年輕的憨兒到老憨兒都有，而這些院生的背景大概可以分為幾類：可以每天回家與家人住在一起的、固定週末回家或一年只有三節才回家。

可以每天回家的人，家庭功能健全，可以照料憨兒，或者憨兒可以自我照料；週五下課後才回家或是三節回家的，可能父母已經不在，剩下兄弟姐妹；有些人是完全沒有親人，由社會局委託轉介至此，就一直住在這。

在這次參訪開心工廠前，我對憨兒也不熟悉，因為從來沒有近距離接觸過，於是我跟春暉院生的阿穆約好，一起從他家出發，跟隨他的通勤路線去桃園開心工廠上班。

阿穆是資深的憨兒，在開心工廠工作十三年，每天上班都要花兩小時通勤，一天來回等於四小時，他能夠照顧自己，每天準時出門，搭固定的公車班次，所走的路線也很固定。他也是NBA球迷，特別喜歡Kobe，所以會固定到便利商店買報紙，看籃球比賽消息。

阿穆一路上跟我有說不
完的話，並跟我分享他的生活
點滴，還拿零食分我吃，他對
我毫無防備、全然信任敞開心
胸，這讓我想到曾經相處過的
街友們，他們也都是這樣真誠
待人，有時候不免感嘆：為什
麼是這些弱勢的人沒有心防，
反而那些有能力、可以付出較
多的人卻處處算計？

跟著阿穆到了工廠交通車
的集合地點時，我被眼前的景
象嚇了一跳：數十位憨兒們在
大太陽底下，臉上沒有一點不
耐煩的神情，依然笑容滿面、
井然有序地排隊上車，不知情
的路人經過，可能會以為他們
是要去哪觀光旅遊，才會這麼

開心！

　　這些憨兒們週一到週五固定上班，你可能會好奇：他們究竟可以做什麼工作？

　　答案是：貼標籤！

因為那份單純的專注，讓他們更細心

　　我們很容易幫別人貼標籤，也會幫憨兒貼標籤，有趣的是，他們的工作就是幫商品貼標籤，而且我可以跟你保證，他們貼標籤的速度與品質，絕對遠遠超越你，因為我有捲起袖子下海跟他們比賽過，果然輸得很慘。

　　別以為他們看起來傻氣又動作溫和緩慢，實際作業起來的能力根本不輸給機器。

　　在這個追求效率、機器人當道的年代，萊雅為什麼還願意大量聘僱身心障礙人士來工作，而不是用成本更低的機器人操作？

　　「工廠的確可以用機器取代，但是這樣憨兒就會失去

工作，所以我們決定保留人工，也希望有更多企業為他們加入這行列，讓憨兒有能力為自己工作。」台灣萊雅儲運協理邱智宏說。

在開心工廠裡，憨兒稱呼帶領的人為「媽咪」或者「老師」，而老師則反饋暱稱他們為「孩子」，外面的勞資對立問題，在開心工廠裡並不存在，僱傭之間像一家人，同事之間像夥伴、同學、玩伴或者兄弟姐妹，所以工作就像是玩在一起，但工作態度卻沒有因此而鬆懈。

台灣萊雅倉儲、春暉啟能中心社工組長林文給告訴我，帶領這些孩子工作是很輕鬆的，只要把標準流程訂好，教他們按照流程操作，孩子們會單純且心無旁騖地按表操課，不會想要投機取巧或者自作聰明地更改流程，而且會更細心，效能非常好。

看到他們的氣氛如此開心，在工廠所有角落裡都可以發現笑容的存在，這樣的工作環境，我想就算有，大概也很少。

不能因為擔心，
而剝奪孩子追求美好人生的權利

在這裡讓我最有感的故事是一對母女。女兒是憨兒，媽媽跟著一起來開心工廠上班。

那位媽媽告訴我，一般人都認為憨兒沒有能力，更別談工作，因此很多人會讓憨兒在家，但這反而會減少同伴支持，同時也增加照顧者的負擔，當照顧者與被照顧者彼此綁在一起，不見得是一件好事。但是來開心工廠上班，同樣的夥伴聚在一塊，對孩子來說是一種無形的陪伴與支持，身為媽媽的壓力就會小很多。

「我以前也會擔心，我有這種小孩怎麼辦？別人拜拜，都是求神明保佑小孩平平安安、快快長大，可是我卻是求在我走之前，她要比我早走，我要把她安頓好……」媽媽說到這兒哽咽了起來，還好她們母女一塊兒到這分享每一天的生活，可以工作又可以就近照顧，這讓媽媽的想法有了很大的轉變。

現在的她，可以領略「女兒有自己的人生，我有我自

己的人生」，做媽媽的，不能因為擔心孩子的狀況而剝奪她獨自追求美好人生的權利。

這位媽媽的一番真心告白，讓我有很深的體悟。

活在當下，學習承擔

我也是人父，我該如何在成長路上引導我的小孩？

以前阿嬤一個人，又是怎麼帶我的爸爸與叔叔？我們看似身處在不同的角落裡，過自己的日子、用自己的方式探索世界、迎接挑戰，但是如果從高一點的角度來看，其實都一樣。

我們每個人來這世界，都在學習著如何愛人與被愛，如何在各種挑戰中仍堅定自己的步伐，依循自己想要的人生努力著。憨兒雖然很單純，但不表示他們不會沮喪，可是只要一些鼓勵或安撫，他們很容易就可以恢復笑容，就算工作一天九小時，也不喊累，反而是「聰明」的我們，常常為了一、兩件小事而絆住自己。

　　從憨兒身上，我學習到簡單人生的快樂。你說上帝不公平，但就心靈層面來看，上帝仍然很公平，他們的富足感可能是很多有錢人所沒有的，我想這也是為何萊雅集團願意不斷為這些弱勢族群開拓更多空間的原因。

　　我在阿公的墓園晃著晃著，心裡頭突然浮現了多年前很喜歡的一部電影《春風化雨》，裡頭有一段學生朗讀詩的橋段：

　　「有花堪折直須折，時間是不停地在飛，今天露著笑靨的花朵，明天也許會枯萎。」飾演文學老師的已逝男星羅賓威廉斯，指著牆上的老照片告訴學生：「這些舊照片裡的人物跟你們很像，眼神充滿希望，但他們沒有等到最後一刻才發揮自己，而是活在當下。」

　　你可以上 google 查詢「臨終前十大遺憾」❶，排名第一是沒有勇氣過自己真正想要的生活，第二名是錯過陪伴家

❶護士揭祕千人臨
　終遺憾：人生最
　後悔 25 件事

人和親人的時間，第三名是要更有勇氣說出自己的內心話……總之，沒人因為賺得不夠多而感到遺憾，換言之，這些榜上的遺憾，我們可以歸納出兩個結論，一是活在當下，二是承擔。

　　我躺在阿公的墳墓旁，想著阿嬤、孩子、弱勢族群、憨兒與自己，時間有限，為自己與家人或者為更多人付出，此刻不做，更待何時？

台客劇場參照影音────────

①每天提醒自己時間不多了！活得更有意義！

②台灣最開心的工廠

video

5:20 / 9:30

第三章

意外的
人生轉折路

我萬萬沒想到不過就是撿天津街的菸蒂
而已,還是我自己露臉當演員,既不特
帥、講話也不流利,怎麼就比我之前
絞盡腦汁,盡心盡力創作的短片
更受網友青睞?

我在台北市天津街撿菸蒂影片傳上YouTube後引發熱烈迴響，包括記者在內，很多人看到我，劈頭就問：「為什麼叫台客？」「你很愛台灣？」「你是環保人士嗎？」「你對環保有使命感是嗎？」

說真的，一開始我並沒有想這麼多，踏上環保題材之路，甚至可以說是誤打誤撞，這些都不在我原本的計畫中。我是一個比較邊走邊做、邊做邊調整的人，you know，熟悉我影片的朋友，應該就會知道「台客」常常很隨性，做事情也很憑感覺，如果沒哏，怎麼也擠不出來，但是如果有感

覺，不用腳本我也可以非常流暢地拍完一集內容，所以我的工作夥伴常常會被我這種不確定性急得跳腳。

　　這邊請讀者先容我花點篇幅解釋一下台客劇場的來龍去脈。

屋漏偏逢連夜雨，
只好從撿菸蒂開始⋯⋯

　　我是學電影的，最早對電影當然有夢，台客劇場成立之初自然會用電影方式來創作，即使是微電影，也還是基本的電影語言與思考，因此我拍了幾集創作短片，希望從各種面向來創作與台灣有關的生活故事，像是過年、低頭族、粉領族匆忙上班如何化妝，甚至是從垃圾車音樂而聯想到的芭蕾舞女伶等，每次發想腳本，都是最過癮的事。

　　台客劇場團隊陣容雖然還比不上正規電影團隊，但該有的製片、企畫、攝影班、演員等都有，當時根據估算，一部短片還是得敲演員、梳化、攝影班等，從企畫、拍攝

到剪輯後製，最快最快最快，都還得要兩週才能產出一部影片，在 YouTube 這個平台上，這個效率太低，嘔心瀝血的創作會被壓縮，不容易被網友看見，我正發愁如何加快腳步、提升速率時，我的製片突然懷孕大了肚子，跟我告假要去生孩子當媽媽。

這明明是好事、喜事，偏偏我卻有點「屋漏偏逢連夜雨」的困窘感。人手不足、資金有限、創作型態何去何從，這些都讓我非常茫然。

有一天我在我爸家附近走著走著，這也是我小時候成長的地方，什麼時候變得這麼髒？一路都是菸蒂。

主還是很眷顧我，讓我這時冒出一個靈感：乾脆來數一下，一條天津街，究竟有多少菸蒂？

沒有演員，我只能自己入鏡；沒有戲劇腳本，我就邊想邊拍。不過，當時的我還有一個根本問題要克服，就是我的中文口條不好。自拍也不是說拍就拍，一直吃螺絲也很麻煩，所以我花了不少時間寫台詞，將台詞寫在手機裡，然後看著唸、拚命背，像小時候念書那樣，不斷唸唸有詞，直到不吃螺絲為止，在鏡頭開機後，就希望可以順

口、流暢地表達。

　　兩年下來，我的中文能力的確因此大大進步，親身經歷中文的磨練，再次證明天下無難事！

從一根不起眼的菸蒂，開始發酵的「第二人生」

　　我萬萬沒想到不過就是撿天津街的菸蒂而已，還是我自己露臉當演員，既不特帥、講話也不流利，怎麼就比我之前絞盡腦汁，盡心盡力創作的短片更受網友青睞？難道滑手機、上網看影片，看似消磨時

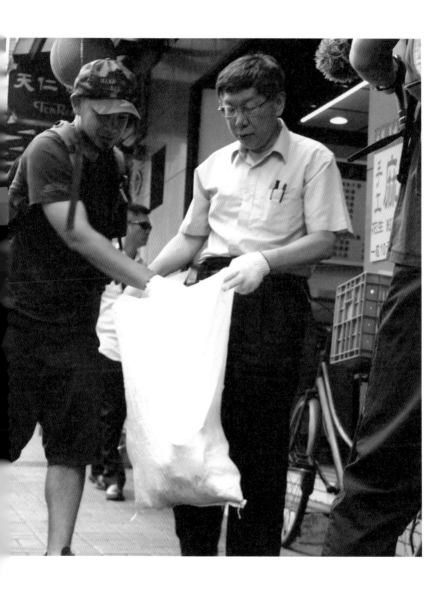

間，但其實或許有更多人希望從裡頭得到一些有用的資訊，而不純屬娛樂而已？

我更沒想到，這個二〇一六年突發奇想的點子會不斷發酵，兩年後，竟然可以跟台北市的老大柯Ｐ一起重回天津街撿菸蒂！當時我拍片就是想給他看，經過時間等待，這想法終於實現，看到柯Ｐ撿到無法罷手，我也覺得超感動。

與柯Ｐ一起淨街的活動在短短兩週就有超過四十萬的點閱率，這幾支撿菸蒂的淨街影片大量湧進網友留言，當然有認同和不認同的聲音，認同我的網友回應占多數，倒不是因為自己被肯定而開心，而是根據這些回應，我可以歸納出一個共同按讚的出發點：因為我用行動來製作這支影片，感染了觀片的朋友。

我用行動證明維持環境清潔，並非唱高調，我想如果每個人都可以從自己的家庭環境周邊關心起，你一點、我一點，慢慢成為大家的習慣，這樣大家的居住環境就會一起變好。

這也是我從一根不起眼的菸蒂得到的收穫與動力！

摔在地上的希望遺跡，該怎麼辦？

點一根菸，不管是健康還是環境，十之八九的人都會說不好，那點一盞天燈呢？我相信幾乎所有人都會說：好！

這項傳統民俗活動非常吸引人，每年光是天燈就有超過三億元的商機，而且平溪這座在山裡的小城相當國際化，店家至少會說上英文、日文與韓文等語言，以便好好與觀光客做國民外交。

當全世界的人都來這放天燈，心願都在這集氣時，天燈緩緩飄起，天空盡是滿滿的心願，單就畫面來說，真的很美，然而火終究有燃盡的時候，那麼天燈去哪了？平溪人只能撿拾別人留下來的十七噸的希望遺跡嗎？就是我非常好奇的問題。

菸蒂隨手一扔，我們還看得到，但天燈一飛，就很難追蹤。根據官方統計，看得到的天燈，平均可以收回三萬盞，但是如果掉進深山、河谷或者有些看得到卻撿不到的天燈，我們的心願立馬成了大自然的垃圾。

　　為了確實知道天燈的行蹤，我在二〇一六年嘗試用寵物 GPS 來追蹤，這成本不低，第一次不太靈光，做了白工，鎩羽而歸，但我不甘心，這跟我向來溫和的樣子很不一樣，沒有追出一個滿意的答案前我不會罷手，所有人也都無法阻止我。

　　於是，我決定再追一次天燈。

　　第二次順利放了有 GPS 的天燈，我也算好了時間，看著手機的訊號，以為追蹤起來不難，直到踏進幾乎沒有路的山區時，才覺得有點危險，也很恐怖──因為整個追蹤行程只有我一人，又沒什麼裝備，這時如果手機沒電，那天燈還沒找到，我可能就先掛了。

　　當然事後想想，這不是入山太好的示範，但我會如此，是因為我一直覺得台灣很安全，比起幅員遼闊的美國，台灣還是讓人心安多了。

　　最終我還是沒找到自己的天燈，但沿途看到好多上一刻、前一晚或是更早之前被一群一群笑容滿臉的人所施放的天燈，任其遺落在這些角落裡成為自然消化不了的垃圾，我決定一一拾回，讓這些任務圓滿的天燈回到該去的

地方。

　　當然我不是因為站在環保立場，就完全反對這項傳統民俗，畢竟環保與傳統這中間的拉鋸與平衡，我相信世界各地都在不同的情況中面臨著考驗。

　　而我的困惑在一年後有了答案。

在空中的願望，不會成為地上的困擾

　　第二年我又回到平溪，「文化銀行」正在著手推廣環保天燈。

　　什麼是環保天燈？簡單說，傳統天燈是用鐵絲與塑膠袋製成，正好形成一個牢籠，燃放過程常常會困住野生動物，而且材質不易分解（至於塑膠問題，後面的篇章再來細談）。

　　環保天燈為了改進這些問題，天燈燈體使用回收紙漿，底座則用竹片與鞭炮線，燃盡後會彈開，不會套牢動物，也易分解，對自然環境影響小很多。

　　設計環保天燈的朋友告訴我，他們不斷為天燈研發新的材質，就是為了呼應環保需求，畢竟能夠代表台灣文化觀光資產站上世界舞台不是件容易的事，如果不加快腳步為天燈設計更好的材質，一旦因為環保因素而禁止燃放天燈，也不是大家所樂見的結果。

　　到了第三年環保天燈又有大突破，從竹製支架改成紙張，連竹片都省去，對環境與動物的傷害更小，而且已經可以量產上市。

　　經過三年，天燈製作有了很大的改變，從沒有環保意識的傳統民俗活動，變成可以照顧環境又可以保留傳統文化，這證明了環保課題與文化保存間的關係不必然衝突，而且，願望也不會因為摔下而成了別人難以處理的垃圾。

淨灘加運動，一舉兩得剛剛好！

　　獨自走入山裡撿天燈，感覺很奇妙。

　　雖說整個人是乾乾淨淨地入山，最後有點狼狽地離

開，而且後車廂還載滿了天燈垃圾，可是我心中有說不出的踏實感，這有點像是撿菸蒂，蹲在路邊，撿拾被氧化，味道又不太好的菸屁股時，過程雖然覺得自己有點辛苦，有些路人會給我打氣，但更多的路人覺得我很奇怪，可是這都無所謂，而是撿完之後，心中總有那麼一點「世界好像因為這樣乾淨了一點」的感覺，當然我知道還是存在著「我撿你丟」的狀態。

　　有不少國家的居民都會習慣在公共領域打掃、撿垃圾，日本就是一個最好的例子，而我相信，我們也可以。很多人可能會說，每天都忙不完了，怎還會有時間撿垃圾？為了鼓勵更多能把撿垃圾變成日常生活一部分，我開始動腦筋。

　　由於這幾年路跑很夯，我也有運動的習慣，相信很多朋友也是，經過天津街撿菸蒂的經驗後，我有了一個靈感：把路跑結合彎腰撿垃圾的動作，這樣就有完整的一套有氧運動與重力訓練交互搭配。

　　經過我實地測試，效果超好，不過一路下來，彎腰次數太多，因此我認為彎腰次數要合理，而且姿勢要注意，

免得垃圾撿不成反受傷。

我一路帶著心跳錶測試，心率最高可以到達一百六十以上，非常喘，卻可以快速燃燒脂肪，我也試過在沙灘上來回走動撿垃圾的運動效率，在沙灘上行走比在平地吃力，所以累積一小時下來，最低心率是一百一十三，最高是一百五十五，整個淨灘活動可消耗掉三百八十三卡，不輸給在健身房！運動加上淨街、運動加上淨灘，這下不是一舉兩得？

原本運動屬於個人，現在我們把它擴大到與整個環境息息相關，是不是更有意義？除了運動之外，曾一起參與淨灘的學生白昆禾自行採取上學邊走邊撿垃圾的行動，這讓維持環境整潔與日常有了更容易也更緊密的結合。

一個人一週可以製造出多少垃圾？
來實驗看看吧！

有一天，我看到小孩的房間時，突然驚覺怎麼這麼多

玩具！太可怕了！而且很多是玩一兩次沒了新鮮感就被冷落在一旁的玩具，我才發現垃圾這件事的嚴重性。

　　原來，垃圾不只是亂丟的問題，或是我們每天從垃圾桶整理好要拿出去丟的那一包包的東西而已，是我們在日常生活中常常在不知不覺中就製造了一大堆透過消費，買了過多的商品。

　　所以我在想：到底要怎樣讓大家知道這件事情的重要性？於是，我決定用兩週來實驗，先看看我們每個人一週究竟可以製造出多少垃圾？然後又可以減少多少垃圾？

　　第一週我先保持固有習慣，出門所需就是仰賴不停地買買買，把所有買回的東西，包括三餐食物、飲料包裝、瓶瓶罐罐，連隨手的報紙、宣傳單、盥洗用品等等，全都帶回家蒐集起來。

　　老實說，這一週的過程當然會有點噁心，尤其是夏天，食物包裝袋會變味，但我還是捏著鼻子繼續蒐集計畫，其實到了第五天，我看到自己累積下來的垃圾，已經起了很大的反感，但還是得硬著頭皮依照計畫進行下去，讓畫面說話，包括我自己在內，所有看到這些垃圾量的人

才會被震撼到！

　　而且我發現一件事：本來以為吃得很健康，這下才知道原來自己每天吃的都一樣，都是從便利商店找來的便利食物居多……

　　當第一週結束，我也差不多快被垃圾淹沒了，趕緊把畫面拍下後，迫不及待立馬轉換實驗，進入第二週的愛地球生活方式，頓時變得很清爽！這個號稱愛地球的生活方式就是每天出門帶著自己的水瓶、餐具、餐盒，所有的飲料、食物都用自己的容器裝，雖然還是會遇到超市或者便利商店已經有包裝好的食物，那我盡量不選切好的，還是上市場採買完整的水果比較好。

　　速食店怎麼辦？我也帶著餐盒請服務人員幫我把漢堡裝進來，不用紙包裝、不拿紙袋，雖然破壞了人家出餐的SOP，但我更在意的是可以減少一點垃圾量。

　　跟上一週相比，第二週真是乾淨太多了！垃圾減量難不難？其實這只是一種生活習慣與態度，只要我們有心建立，一點都不難，垃圾減量真的不是虛無飄渺的高調。

從源頭減少垃圾量，
才是根本的解決之道

透過這兩次實驗，我進一步在想：這些實驗，我都只是最下游的消費者，我可以選擇環保的方式購買，可是每天走進便利商店，東西永遠滿滿的，打開手機、電腦，催促我們購買的廣告仍舊琳瑯滿目，我們還是很容易被喚起消費欲望。

假設浴室是大家共處的地球，消費欲望、消費市場就像是打開的水龍頭，水一直流出，為了讓水不要滿出來，我用小湯匙裝水，代表可以資源回收，這樣看起來很好，但是無論我多努力用湯匙裝水，根本來不及舀出那些從水龍頭流出來的水。

有人說回收系統可以做得更大更好，於是我用更大的湯勺舀，但一樣徒勞無功，水依舊淹滿整間浴室。

所以我決定請教我可愛的三歲女兒，我問她：「浴室淹水了，怎麼辦？」她彷彿用一種「這麼簡單的事情你也不知道」的表情看我，然後走向水龍頭，順手一關，瞬間

水停了。

　　有時候，小孩的腦袋比大人清楚。這麼簡單的道理，我們大人竟然不知道。

　　因此，維護地球這個屬於我們共同的家，不只是在日常生活中撿垃圾，而是還要更進一步積極地從生活源頭落實減少垃圾量，減少不必要的購買才是根本解決之道。

　　所以，我親愛的寶貝兒子跟女兒，別怪爸爸小氣，爸爸不是不買玩具給你們，而是希望你們可以有機會接觸更自然的環境，不管是樹木、泥巴、海水、昆蟲或動物，都比製作精美的塑膠玩具好，更重要的是，我希望留給你們一個更美麗的家。

台客劇場參照影音

①跟柯P一起撿菸蒂！回到天津街淨街！

②愛地球可以燃燒多少熱量？

③便利人生一週累積多少垃圾？

video

5:20 / 9:30

第四章

與塑膠的
愛恨情仇

如果每一位消費者都可以來體驗回
收過程，應該就會更加審慎使用
塑膠製品，而不是把容易取得的
寶特瓶、塑膠罐買來以後又
很快丟棄。

從睡醒開始算起……

　　我不是天生的環保人士或者抗塑人士，很長一段時間，我也跟大部分的人一樣，覺得在台灣生活好方便，出門只要看到便利商店就有萬事俱足感，在這裡很容易解決一天三餐所需，付錢就能取得所有包裝好好的食品，透明塑膠袋打印著生產日期、營養成分，而且經過嚴格的衛生食品檢驗程序，食物看起來很衛生也很健康，從飯糰、麵包、茶葉蛋、微波食品到牛奶、飲料、咖啡，在這買東西吃，我一直覺得很安心，有政府單位檢驗合格的保證，衛生又乾淨，比起

很多路邊攤、小吃店都優質多了，不是嗎？

　　然而，就在我開始透過淨灘、淨山、淨街等方式探索自己的生活環境後，才慢慢意識到，我們一天的日常所需根本和塑膠難分難捨。如果你不信，可以做個實驗，從自己早上睡醒開始算，看看有哪些東西不是塑膠製造？

塑膠生活，塑膠世界

　　把你叫起床的手機和它的保護殼，是塑膠；刷牙，牙刷與牙膏軟管，是塑膠；煮杯咖啡，美式壺是塑膠，磨豆機外殼是塑膠，保存咖啡豆的袋子內層是塑膠，你用耳掛？更好，耳掛的外包裝也是塑膠；烤片吐司，吐司外袋是塑膠；出門自己帶水瓶，夠環保吧！而瓶蓋中間的橡膠也是塑膠；搭捷運、公車，不開車很環保，但悠遊卡也是塑膠；我開車，車子五成以上的內裝也都是塑膠；我吃飯討生活的工具——相機，也全是塑膠……好吧，先數到

這，再數下去根本數不完。

　　塑膠，鋪天蓋地滲入我們的生活，而我們卻習以為常，喜歡塑膠的方便與便宜，卻不知道這背後要付出多少代價。

　　直到我看了紀錄片《塑膠天堂：太平洋垃圾帶》（*Plastic Paradise: The Great Pacific Garbage Patch*，二○一三）與《塑膠海洋》（*A Plastic Ocean*，二○一六）之後，心情真的很沉重，看到自然裡頭這麼多動物因為吞食塑膠而喪命，有種說不出的痛。

　　回溯塑膠的創造發明史，有幾種說法。美國專欄作家蘇珊・弗蘭克在《塑膠──有毒的愛情故事》裡提到，有人認為早在十九世紀中，就有發明家開始從植物中尋找新的化合物以取代象牙這類逐漸減少的天然材料，也有人把一九○七年電木（Bakelite）的出現視為「第四界」，塑膠開啟了新紀元，以別於動物界、礦物界與植物界，也有人認為二次世界大戰是塑膠全面占領我們生活的關鍵時刻，因為美軍以塑膠取代鋁、黃銅等金屬，並把塑膠從實驗室拉進生活裡，塑膠因此在生活中無孔不入❶。

當時，全世界的人類對於自己可以發明出本來不存在於自然界中的分子這項創舉歡欣鼓舞，所有物品的製造都可因塑膠大大降低成本，也可以因塑膠而更加耐用。鑽石可以永恆，但鑽石很貴；塑膠壞不了，但塑膠很便宜。

誰勝出？答案很明顯。

---

❶《塑膠——有毒的愛情故事》，P.21～22，野人出版。

多國聯軍的「塑膠海洋」

塑膠這種化合物，在地球上歷久不衰，別以為你扔進垃圾桶後它就消失。

根據各種資料研究顯示，剛發明出來的塑膠，至今依舊好好地存在於這

個地球上，只是外型改變而已，例如，從一個寶特瓶變成塑膠微粒，然後進入生物鏈，被浮游生物吃掉，小魚吃浮游生物，大魚吃小魚，我們再吃大魚，然後進了我們自己的肚子裡。

　　所以，塑膠歷久不衰，算是物超所值嗎？

　　我去澎湖參加淨灘時，發現了一個很嚴重的問題。之前在台灣沿海淨灘時，多半都會認為是岸邊遊客隨手丟棄的物品，如果是從海上漂來的，頂多也是附近的漁船的來源，去了澎湖之後，才知道這些堆積在海邊的瓶瓶罐罐根本是多國聯軍齊攻。

　　原來，海流的力量這麼大，全世界的海洋本來就連在一塊，透過海流，垃圾就會隨之飄到世界各地。

　　在澎湖淨灘的工作人員教我看懂寶特瓶身上的條碼，條碼前三碼是製造國代碼，例如，台灣是471，中國是690到695，印尼是899，越南是893，日本是450到459，泰國是885，韓國是880。

　　我們撿拾這些瓶罐後順手統計製造國，我這次參與的

淨灘，瓶罐統計結果有七成來自大陸，越南次之，台灣第三，其他「比較特殊」的垃圾有漁具用品、漁網之類的捕魚工具，上頭都印有浙江製造，所以可能都是從大陸飄來的。

　　這說明了什麼？是用垃圾進行統一嗎？純屬玩笑，當然不是這個意思，而是海流力量之大，可以把遠從大陸的垃圾吹到澎湖，數量都還比台灣飄過去的多。

　　我以垃圾為例，感覺很沒意思，若把垃圾換成瓶中信，大家應該會覺得浪漫許多，目前世界上最古老的瓶中信是一八八六年六月十二日德國遠洋輪保拉號在印度洋拋擲一批漂流瓶中的一個，在二〇一八年一月被澳大利亞的一對夫妻撿起來❷。

　　海裡的物品不僅可以隨著洋流環遊世界，而且長壽，現在全球海洋裡的垃圾就是成千上萬倍的瓶中信概念，且汙染環境的程度比玻璃瓶更嚴重。

❷132 年前的瓶中信！澳洲
　夫婦撿到 1886 年的漂流
　瓶，打破金氏世界紀錄

海廢的殺傷力

　　根據長期研究海鳥的專家的研究結果，幾乎所有海鳥的肚子裡或多或少都有塑膠片、瓶蓋甚至打火機，紀錄片《塑膠天堂：太平洋垃圾帶》與《塑膠海洋》都有這些令人痛心的採訪拍攝畫面。

　　影片中的海鳥專家把死亡的海鳥開腸剖肚，一隻海鷗的胃袋被硬生生地撐開約有巴掌般的大小，專家一片一片地從胃袋裡掏出各種顏色與形狀的塑膠片，這隻鳥的死亡，就是因為肚子裡塞滿這些無法消化的塑膠而活活餓死。

　　這不是一隻或兩隻的偶發例子，而是目前普遍的問題。當然，海鳥不是唯一的受害者，海龜、海獅、海豚、鯨魚等，都是海廢的犧牲品。

　　有一回，台中大豐環保廠邀請號召淨灘的一些團體單位❸去台中的塑膠回收處理廠參觀，我跟 RE-THINK 創辦人黃之揚一塊兒去。在廠區裡，我除了拍攝與參觀，也親自參與回收流程作業體驗，光是清洗一個小小養樂多瓶就要花掉一分鐘，洗乾淨後才能放進攪拌機打碎，碎片加熱後

變成熱熔膠，再進行冷卻切割，成為再生塑膠。

　　因此，塑膠回收講起來容易，但過程耗時耗力，不僅要先區分不同種類的塑膠，也要區分顏色，處理回收的時間遠遠超過製造塑膠的時間，如果不是政府補助，大概沒什麼業者願意處理。

　　塑膠回收尚且如此，處理海廢就更棘手。首先要把沙清洗乾淨，然後區分國內還是國外製造，因為政府不補助國外瓶罐，這些過程都要人工一一親自處理。

　　我想，如果每一位消費者都可以來體驗回收過程，應該就會更加審慎使用塑膠製品，而不是把容易取得的寶特瓶、塑膠罐買來以後又很快丟棄。

　　台中這座回收廠共有兩萬多個塑膠磚塊，每一個五百公斤，量很多，但同一時間，全台丟棄的塑膠罐更多，甚至是回收廠好幾倍的量，看到現實面，頓時會讓人覺得環保好像是不可能的任務，非常無力！

---

❸當天參觀的團體有 zero zero、RE-THINK 重新思考、景澤創意 Vision Union、寶島淨鄉團、in Blooom 印花樂、O2 Lab 海漂實驗室——澎湖菓葉。

減塑，就從生活開始實踐起！

然而，我們當然不能因為無力就不採取行動。

實踐一：自己帶水壺水杯

前面的章節我有提到自己一週累積的垃圾量實驗❹，千萬別小看隨身帶環保杯的力量，試想一下，夏天很熱，早餐一杯奶茶或咖啡，餐間要一瓶礦泉水，午餐過後再來一杯咖啡或者手搖茶，晚上運動還要喝個舒跑或者冰的礦泉水，這樣算算有幾瓶？

如果我們都能隨身攜帶水壺，每個人一天減少的量，就很驚人，餐具也是同樣的道理。

實踐二：減少購買包裝的食物

買食物時，盡量選擇沒有塑膠袋包裝的或者少買切好盒裝的，例如，有些西瓜會切半後用保鮮膜封包，或是有些水果會切好裝在塑膠盒裡，看起來很爽口沒錯，但是一吃完，就是一堆塑膠垃圾。

實踐三：堆沙城堡

因為我有小孩，所以當我開始意識到塑膠問題時，孩子的玩具間是最怵目驚心的，當然如果你沒有孩子，我想多少都有過買玩具送人的經驗。

買玩具背後可以有很多層面思考。

首先，買玩具是為了什麼？如果是為了讓孩子開心，那麼方法有很多，從日常生活裡可以找到很多新樂趣，洗澡、玩水、做家事，都可以有無限變化與玩法。

如果是為了刺激孩子思考，那就要考慮那種不是一次性的玩具，比方可以重複拆卸的積木樂高就比一次組裝完畢的模型好。現在有些玩具可以租借使用，也是一個不錯的管道，至少不用花太多錢買回許多以後很有可能棄置一旁的玩具。

其次，我始終相信在自然環境裡的接觸會比人工環境好。

---

❹參考第三章：意外的人生轉折路。

　　比方說，帶孩子到公園和沙灘，玩沙、摸樹木或花草，也可以在自然光下感受光影變化與色彩，這種真實的五官接觸，是設計再精美的玩具，都很難取代自然既有的養分。說到底，自然這麼好，為何我們卻還是傾向花錢買玩具？這多半是父母親「沒時間陪孩子」的替代品，或者以為是獎勵的唯一方法。

　　就算工作再忙，獎勵方式也不全然得依賴物質。孩子的成長和自然一樣珍貴，錯過了就不再，你還需要遲疑嗎？我們愛孩子，所以我們更要好好思考將來要給他們接手的地球是什麼樣子。

台客劇場參照影音────────

讓三歲小孩教我如何
改善全球環保問題！

video

5:20 / 9:30

第五章

街友，其實和你我都一樣

狐狸有洞，天空的飛鳥有窩，只是人子沒有枕頭的地方。——《路加福音》第九章五十八節

你有一雙帶著
「歧視」的眼睛嗎？

　　提到街友，你會想到什麼？我想先請讀者們思考幾個問題：

　　看到街友時，你的第一個反應是什麼？

　　你會怎麼形容街友？

　　你知道他們為何在街頭流浪？

　　你是否想過該如何協助他們？

　　為什麼鄉下或部落沒有街友？

　　為什麼世界各國的街友都是在都市裡？

　　我在這裡得先跟各位（包括街友或曾經是街友的你，如果你有機會讀到這本書的話）坦承：我也曾帶著歧視的眼光面對街友們。

　　這個歧視，不是說我對他們有任何不友善的具體行為，而是一看到他們，我就會不由自主地想拉開一點距離，我甚至都可以感受到自己看街友的眼神跟面對其他人不一樣，心裡頭會有種不舒服感，不想靠近他們，也不想認識他們，覺得他們就是跟我不一樣。

　　這是一種歧視。

　　眼神會洩露你心底真正的聲音，千萬別天真地以為別人看不出來，跟我一起淨灘的好朋友峻傑說：「眼神能直接說真話，街友很敏感，一個眼神都會看出你是否友善。」

　　我不太能夠理解為什麼面對街友時，我會冒出這種不自覺的歧視，可能是因為他們身上有點味道、有點髒、睡在路邊、隨身帶著家當？

　　如果這些是讓我想退避三舍的原因，那麼他們睡路邊，物品都在帶在身上，不是更應該防範我們偷或搶？又為什麼他們要睡在街上而不回家？

　　為了進一步釐清心中的種種疑惑，加上信仰之故，讓我有想要慢慢靠近他們的念頭，於是我的實驗性格又被啟

動，決定去台北車站當一晚街友，而且挑了寒冷的冬天夜晚，想知道街友們睡在繁華市區的路邊是什麼感受，試著從街友的角度看看這座城市，有沒有什麼不同。

「街友實驗」第一步，挫敗感襲來

當一晚街友，講起來好像有點不太尊重，但我的動機真的是希望多認識這群朋友，所以選擇先貼近他們的日常作息與生活，是我暫時能想到的方式。

沒當過街友，也無從找人請教起，我只好自己憑空想像街友應該會有什麼隨身家當，離開家門時，除了簡單的攝影配備跟水壺以外，什麼都沒帶，包括錢。然而，光是要從士林捷運站移動到台北車站，就有很大的困難。

你一定會笑我：「不就搭捷運，難在哪？」

因為我身無分文啊！因此，走到捷運站的第一個考驗就來了：沒錢，怎麼搭？除了向路人尋求支援外，也沒其他方法了，所以我得放下面子，請路人幫助我，給我足夠

的車資，不然我只能徒步。一想到要走這麼遠，我還是試著先向陌生人求救。

　　「請問一下你有零錢可以給我嗎？我要搭車到台北車站……」

　　光是要從嘴裡冒出這句話，我都結巴了，萬萬沒想到「伸手討錢」這麼難，而且內心也好糾結。

　　聽我這樣問，大部分的人看看我，不是滿臉困惑搖搖手，就是趕快飄走，我發誓，這一輩子還沒這麼害羞過，包括追求我老婆時都沒有。

　　不過就是要個二十五元而已，又不是兩百五十元或兩千五百元，但卻讓我覺得比垂降淨山、潛水淨海還難上百倍，有種顏面盡失的挫敗感，心臟怦怦怦怦地跳著，真的好想放棄！

　　終於，皇天不負苦心人，有兩位好心的陌生人給了我兩個五元硬幣，yes！雖然只有十元，但害羞的我被鼓勵到了，因此再接再厲繼續「要錢」。後來碰上一群年輕學生，他們很有愛心，湊一湊給足了車資，也不懷疑或防衛

我。這二十五元得來不易，卻格外溫馨。

從來沒有經歷過「賺錢」這麼辛苦，雖然要奉上尊嚴，卻讓我體驗到錢得來不易，以後使用金錢會更加謹慎節制。

有生以來最沒安全感的一夜

到了北車，我在外頭繞、車站裡逛，還跑去二樓美食廣場裡轉，就是沒辦法到車站外頭跟街友一樣，找個地方坐下來，因為很怕遇到認識的人，我還刻意把帽子壓低。

車站外頭四面牆邊，都有街友的身影，一個一個或躺或坐，車站裡面也有很多人坐在地上，不過都是三五成群的好友們在一塊。一面牆，裡外差異好大。

平時我也常匆匆從這經過，面對外邊這些景象，更是快速略過，不曾好好停下來思考。而這一個冬天晚上，我要和他們一起在北車外的街頭過夜，終於停下腳步了，卻又遲遲不敢跨入他們的世界，心情真的很複雜。

　　我不停看著時鐘，怎麼每一分鐘都變得好漫長？今晚是我有生以來最沒安全感的一夜，身體發癢不說，雖然我沒帶錢，可是整個人還是相當不安，換了好幾個地方試著入睡，但就是睡不著，而且越晚越冷，整晚睡睡醒醒，好不容易捱到了天亮，讀者們可以去找〈我當街友的那一晚〉的影片來看，就知道那晚我有多狼狽。

　　太陽出來，我可以結束「體驗」，但對多數街友們來說，這並不是他們可以自主宣告終止的人生體驗，那麼這種艱辛的人生何時才會結束？

　　我一路都是在父母保護的溫室中成長，環境相對優渥且單純許多，如果不是這次親身行動跨出自己的舒適圈、走入街友的世界，我的有色眼鏡一定拔不下來。

　　離開台北車站後，我既疲憊又沮喪，也覺得糟透了！拍片過程一度很後悔，因為我明白光靠一支影片，根本沒辦法幫他們找到什麼方向，也幫不了什麼忙，那麼我來這一晚，究竟要幹嘛？

你可以預知自己下一秒的際遇
會是如何嗎？

　　年初一個人夜宿北車街頭，帶著茫然與無力的感傷心情收工回家，年底，我有了夥伴：淨灘好友峻傑與松慕強牧師，有他們兩人加入，讓我有力量再來進行一次為期更長、更深刻的「三天三夜」街友人生體驗。

　　峻傑是我的夥伴之一，如果大家對我淨灘影片熟悉的話，就會常常看到他的身影，我對他的印象也是從淨灘開始。每次淨灘，他都會出現，而且貢獻度好大，整個人也不知道晒掉了幾層皮，後來有機會進一步跟他互動時才知道，他跟著我們環島淨灘時，都露宿街頭！

　　哇，峻傑實在太酷了，隨便在路邊倒頭就睡也太難了吧！我可以在路邊對著鏡頭自言自語、邊跑邊蹲下來撿垃圾、用保鮮盒去便利商店買咖啡喝……種種實驗我都願意試，但叫我睡路邊，這真的真的真的很難，尤其自己體驗過一晚後，更是有感，為什麼峻傑可以？

　　別看他是軍人，一整個帥氣，原來，年少的峻傑曾經

是街友。十三歲時，他就跟著生意失敗的父親過了一年的小街友生活。

　　峻傑的父親從事國際貿易，自己開了公司，人生也曾經風光過，小峻傑當然也過著王子般的生活，後來父親周轉不靈、信用破產，人生從雲端摔到谷底，父子兩人成了街友。他們來到萬華龍山寺一帶，白天爸爸會去找工作、打零工，峻傑則是撿拾資源回收，幫忙存錢。幸好八里那邊有座廟的住持大方收容他們父子倆，生活才一步一步穩定下來。

　　「我的心中當然有很多不滿與仇恨，也曾經有過想自殺的念頭，為什麼是我家？為什麼我家會這樣？」當時峻傑雖然才國一，但是因為人生經歷讓他早早就開始思考世界與人生的哲學問題，雖然是從批判開始。

　　該是在校念書的年紀，峻傑卻在外頭撿回收，因而引來一些人的側目與關心。那時的峻傑對陌生人的防衛心很重、很敏感，他也不敢多話，只用「多幫家裡賺點錢」一語帶過，幸好這些人都會對峻傑主動伸出援手，不管是食物或一些實質幫助，這些善意讓原本憤世嫉俗的他逐漸感

受到人與人之間的溫暖與愛。

　　同時，父親認真打零工的生活也讓他們重新站起，奠定了基礎，經濟有點穩定後，父子倆在桃園龍潭租了一間小套房，正式脫離街友生活。

　　一個人的個性與人生價值觀定位，國中是關鍵期。我想，峻傑這段時間雖然沒在正規學校接受教育，但他在街上的人生歷練遠遠超過課本上的一切，也因為如此才會有投身公益、過著簡約生活的價值取向。

　　以街友過來人的身分，峻傑提醒我們：「刻板印象或者歧視，會讓街友受傷，一受傷就會反抗，旁人的刻板印象又會再度強化，這樣下去就會不停地惡性循環。」

　　我在峻傑身上感受最深的是：任何人都可能在下一刻變成街友。

　　如果是你，你怎麼辦？

人子沒有枕頭的地方

　　而這次我請來的另一位長得很帥的布農族牧師松慕強，是一名很有行動力也很特別的牧師，曾經走過叛逆歧路而回頭開始用愛帶領教會，他主持的 iM Church 行動教會❶很能夠結合時下最夯的自媒體資源來傳遞福音。

　　這次邀請他一起來，也是希望從宗教的角度來看待街友與社會之間的關係，並進一步思考我們還能夠為街友做什麼。

　　狐狸有洞，天空的飛鳥有窩，只是人子沒有枕頭的地方。——《路加福音》第九章五十八節。

　　松牧師引用這段聖經說，耶穌也曾是街友，祂用行動來傳遞愛，所以他正好利用這次七十二小時的體驗行動，追隨耶穌的方式來認識街友。

❶iM Church 行動教會

　　我跟牧師都有同樣的信仰，而我們也有一樣的困惑，就是信奉上帝的人很多，可是為什麼當這些人轉過身面對街友時，就會心生排斥？為什麼很多教會寧願把資源花在華麗的教堂裡享受冷氣與講道，卻不願意走出來幫助弱勢的人？聖經不是教我們要幫助窮人嗎？

　　我第一次自己一個人到北車體驗街友生活時，跑去基督教恩友中心晃了一下。

　　當時恩友中心正在發放愛心晚餐，領餐的街友們大排長龍，事工蔡先生問我要不要一起吃，我沒答應，因為街友比我更需要這一餐。蔡先生也曾是街友，流浪了九年，受洗後才慢慢重新站起來，現在的他來幫助這些仍在困頓中的街友，勉勵自己也勉勵街友，我看了這光景格外感動……其實是很激動！幾度哽咽地說不出話來，因為聖經上說要幫助窮人，基督教恩友中心做到了！

　　即使沒有幾個教會可以做到這件事，但他們仍舊默默地在自己的位置上持續付出貢獻，這才是值得我們學習的典範。

街友真如你想像中的危險嗎？

我有個朋友 Arthur，他意外地在法國當過一夜街友，起因是他沒訂好下榻的旅館，結果只好睡在火車站，半夜兩點，他跟其他街友被趕出來，Arthur 睡眼惺忪、迷迷糊糊的，天沒亮，也不知道上哪睡，只好跟著無業遊民一起走。

「我怎麼會跟他們混在一起？」Arthur 從來沒想過自己會睡在國外的街頭，而且也被當成街友。

儘管外人以為他是遊民，但他仍打開所有神經，戒慎恐懼地防備著眼前這些遊民。

當時，Arthur 選擇車站外的自動門邊坐著睡，門會開開關關，當時是十二月，室外溫度大約一度，甚至更低，Arthur 凍得受不了，睡不著也不敢睡（跟我的街友初體驗處境好像），就怕無業遊民來拿他的東西。

半夜三點，Arthur 對面的街友突然走向他，他嚇了一跳，戰戰兢兢地觀察並思考這迎面而來的遊民會有什麼舉動？他該怎麼防備？就在 Arthur 不知道是凍僵了還是嚇呆

了的時候，這位遊民把他自己身上蓋的報紙撕開，一半分給Arthur，「他告訴我，門邊會冷，報紙蓋著會好一點。」Arthur回憶起這段讓他印象深刻的旅行經驗，他仍能感受當下對自己很氣惱的情緒。

「我怎麼會這樣看別人？被我防備的人，卻這樣回饋我。」Arthur說。

我很能理解Arthur的心情，因為當我、峻傑跟松牧師三人在第一晚找了地方準備入睡時，就有熱心的街友「街友皇帝」教我們怎麼在寒冷的冬天裡處理睡覺的紙板，也有街友「阿慶」提醒我們貴重物品要當枕頭睡，不然很容易被偷。

我一開始還尊稱「阿慶」為「哥」，後來才知道他年紀比我小超過一輪，但因為流浪九年，滿臉風霜，看起來比我老成很多。

阿慶告訴我，他的手機就是沒有放在頭邊就被扒走，結果我的反應很蠢，因為我問他：「那什麼時候要買新的手機？」他頓了一下，沒回我，我才馬上意識到我問錯問

題，好糗！後來完成三天街友體驗後，我回家把我的舊手機找出來準備送給他，沒想到再去萬華時，已經不見他的人影了。

嘗試了解、敞開心胸地面對這世界吧！

我們一般人排斥街友，對街友有很多汙名化的指控，不少人認為街友好逸惡勞、製造髒亂，他們是城市裡的黑暗面，也讓城市形象減分，但這些觀點的背後，是否曾經真正走入街友的內心與世界，試著了解他們為何成為今天的模樣？

我相信，沒有人願意天生就找苦日子過，像峻傑就從來不曾願意成為一名街友，峻傑的父親更不可能平白無故放下好日子不過，跑去流浪。街友們背後都有各自說不出的苦與難，用既定印象框住他們，不僅對他們不公平，更窄化了我們的世界。

如果街友真的是糟糕的一群人，他又為何要分一半報

紙給Arthur？為何要叮嚀我跟牧師、峻傑小心財物？為何他們對我們願意敞開真心對待，而我們卻緊緊關上心門想趕走他們？究竟是誰比較惡劣，誰比較可怕？

台客劇場參照影音────────────────────────

①我當街友的那一晚　　　②街友系列影片

video

5:20/9:30

第六章

用愛終結
無緣社會

只要能夠重新連結，回到有緣的生
活，當街友們不被排斥時，他們
才有機會自力更生，整座城市才
有真正的文明與進步。

　　遊民，不是台北獨有的族群，放眼世界各國，只要是先進國家的都會區，從紐約、芝加哥到巴黎、倫敦、東京、北京、上海等國際性規模的都市，都有遊民的身影。

　　不知道讀者是否曾經想過，為什麼在生活便利、物質最不匱乏的城市中，會出現街友這種可能什麼都沒有的人？關注街頭弱勢族群的「人生百味」創辦人之一巫彥德解釋：「部落或者鄉下之所以都沒有街友的身影，是因為街友是都市裡人與人之間關係的斷裂展現，加上都市型態是高度分工，人與人之間的關係建立在金錢與消費之上，當我們沒有能力消費時，社會關係就會斷裂。」

刈包吉的大愛

　　我很能認同巫彥德對於都市裡人與人之間的關係是建立在金錢之上的觀點。

　　舉個例子來說，每次我跟街友相處時都沒什麼壓力，但面對工作，甚至是家庭，就少了這種單純感，這的確是

跟金錢有關。

　　我跟街友聊天，沒有金錢與消費關係，但我工作面對的夥伴、合作對象，都跟錢有關，就算婚姻是基於愛而建立，但日常的柴米油鹽也是金錢與經濟關係。

　　從排斥街友到很喜歡跟街友聊天，我之所以會有這麼大的轉變，就是因為和他們的關係很簡單也很真誠，彼此就是當下的真心互動。

　　我在台北車站當了一晚街友後不久，看到新聞報導善心的「刈包吉」廖榮吉為街友煮了很多年的尾牙宴而大受感動，於是決定去尾牙宴現場採訪廖榮吉。

　　人稱「刈包吉」的廖榮吉已經八十多歲，他兩歲時失去父親，一家五個兄弟姊妹靠母親一人種菜賣菜養大。

　　廖榮吉小學畢業後就去印刷廠當學徒，過了幾年，老闆打算退休，他就頂下了印刷廠，成了老闆。當老闆後，廖榮吉更認真，工廠規模從兩台機器變成八台，印刷廠全盛時期有三十多位工人，因為講求信用，準時交件，廖榮吉的生意蒸蒸日上，小時候的苦日子終於在此劃下句點。

　　因為苦過，廖榮吉對於員工特別照顧，有些員工過年沒地方去，他就邀請他們一起圍爐，當時還沒有什麼遊民，路邊倒是很多臨時工在等工作上門，他就在龍山寺牆邊貼上「請吃飯」的紅紙，來吃飯的人數就越來越多。

　　好景不常，廖榮吉的傳統印刷廠因電腦排版興起而結束營業，他又從人生巔峰落回谷底，也從老闆的身分回到收入不穩定的工人，到處找工作、打零工，後來妻子也得為家計討生活，於是開始賣刈包，廖榮吉便陪著太太一起做生意。

　　這一路即使收入再怎麼不穩定，但「請吃飯」已行之有年，廖榮吉堅持每年的愛心尾牙宴不能中斷，他告訴我，愛心尾牙從最早的五桌變成上千桌，從一天變成好幾天。

　　我看到桌上滿滿的菜，有豬腳、雞肉、茶鵝、麻油雞、米粉……廖榮吉完全不怕街友吃，雖然也有人贊助廖榮吉的愛心尾牙，可是龐大的食材量，仍使得他得用「分期付款」的方式還給攤商，但他依舊甘之如飴，完全沒有因而想縮小「請吃飯」的規模。我在現場看到席開數十桌

的氣魄,很震撼也很感動。

　　究竟是怎樣的力量,可以支持廖榮吉不顧一切地行善數十年而不間斷?

沒有放棄築夢的阿伯

　　我在基督教恩友中心時,不好意思跟街友一起吃飯,很怕占了他們一雙筷子,這一次,我鼓起勇氣坐下來,也暫時放下環保意識,與同桌的街友們一起享受這頓尾牙。

　　跟陌生人一塊兒吃飯還是會尷尬,我也是默默低頭扒著碗裡的飯菜好久以後,才跟我隔壁的阿伯開口聊天。

　　「少年ㄟ,你知道冬天要怎麼洗溫水澡嗎?」阿伯問我。

　　我當然不知道,上次我在台北車站繞來繞去,知道有飲水機可以喝水,吃東西也不是問題,就是找不到可以洗澡的地方,還跑去問清潔阿姨哪裡可以洗澡,結果被人家

瞥了一眼，覺得我有點奇怪，怎麼會想在這種地方洗澡？

「我不知道耶。」我回阿伯。

「我跟你說，就是把冷水含在嘴裡，吐出來就是溫的，擦起來就不會覺得冷。」阿伯好像在跟我分享驚人的武林祕笈一樣，我聽了也覺得這方法實在太酷！從來沒想到可以用嘴巴來擦個溫水澡。

阿伯的人生很精采，他原本的家境不差，待過外商公司，最風光的時候還常常招待日本客戶去吃喝玩樂，變成街友之後，曾經跟幾個街友一起住在一間朋友提供的屋子裡，結果有天建商來告知住在這的街友們，這塊地要蓋房子，舊房子必須拆掉，商請他們搬走，於是每個人就跟建商拿了兩萬元便離開了。

後來房子蓋好以後，成了別人的豪宅，當時拿了兩萬元的人，至今依舊在街頭。

「我以前就住在這裡耶！」阿伯每次經過豪宅，總是很感嘆。不過阿伯沒有因此喪志，他還有一個夢想，就是在金山開家海產店，專賣當天捕獲的魚，看客人要吃什麼、願意花多少錢吃，就客製化料理，「但是你如果很辛

苦，沒有錢，也可以來吃免費的。」阿伯笑咪咪地說著他的夢，我聽了差點掉下眼淚，真的好感動！吃完尾牙宴時，阿伯還給我電話跟地址，叫我有空要去找他。

　　這就是我說的真誠。阿伯對我敞開心房，編織他的夢，到了這把年紀，依舊沒有放棄築夢，也不怕我去金山找他吃免錢的，重點是，他也沒有只顧自己做生意，而忘記要照顧那些正在困境中搏鬥的甘苦人。看起來物質生活比你我都更受限的阿伯都願意分享，那為什麼多數的都市人，仍關起心門與別人只停留在金錢建立的關係上？

從無緣到有緣

　　聽街友們說，每個月都會有幾名街友過世，一個生命就這麼默默地結束，沒多少人知道，當然也不會有任何追思儀式，這讓我想到「無緣死」。

　　「無緣死」是前幾年從日本傳來的名詞，無緣的意思是指一個人失去了所有緣分的連結，緣分包括血緣、社

緣、地緣。血緣，就是親人，社緣，是與社會之間的人際網絡，可以從就學、工作等產生連結，而地緣可以視為與家鄉土地之間的連結。

日本 NHK 專題小組製作了一個名為《無緣社會──「無緣死」三萬二千人的衝擊》❶，標題聽起來讓人深感震撼，但這正是日本社會必須面對日趨嚴重的問題，而無緣死的人不只有街友，也不一定只是貧困的人，不是常常會有社會新聞報導誰在家過世很多天以後才被發現嗎？這現象反映出現代社會結構最根本的問題，即人與人之間的連結越來越薄弱。

3C 當道的今天，網路社群媒體好像把我們的距離縮短，比方說，比起跟家人、同學、朋友的互動，你們可能更容易支持台客劇場，因為按個讚、留個話或者分享，就能讓我們彼此透過網路連結在一起，但是放下手機，轉過頭去面對家人時，你可能久久說不出一句話。

這是一個人與人看似緊密卻又疏離的年代，每個人都像座孤島，明明需要愛，卻又很怕依賴、怕給人添麻煩。

當然這背後的關鍵是經濟力。

　　前面提到過，都市裡的人際關係建立在薄弱的金錢與消費基礎上，當有人無法依據此項基礎來建立關係時，就會被剔除在人際網絡之外，成為「無緣人」。

　　這也是為什麼鄉下或者部落不會有流浪漢的原因，在那些空間裡，人與人都非常熟絡，肚子餓了，還是有機會到別人家蹭口飯吃，而不需要蜷縮在角落孤單地顫抖。

　　有時候，真的只要伸出手，就能讓生命的困境得以轉圜，而不是逼入死角，在絕境中等待死亡。

　　街友們各有自己的背景與故事，無家可歸也有說不出的苦衷，我們姑且不回溯這些盤根錯節的源頭，而是此時此刻，我們能與隻身在外流浪的街友有什麼連結？他們能否有機會重新回到人與人之間的「有緣」互動、建立關係，而不再置身於冰冷的社會邊緣？

　　只要能夠重新連結，回到有緣的生活，當街友們不被排斥時，他們才有機會自力更生，整座城市才有真正的文明與進步。

---

❶NHK製作的系列專題，最後集結成為《無緣社會》一書，中文譯本由新雨發行。

經濟型與社會型的街友

曾在年少有過街友經驗的峻傑告訴我，街友大致可以區分為經濟型與社會型兩類。

經濟型的街友基本上都有工作，外表上看起來也不是我們以為的不修邊幅的模樣，他們會把自己弄得整齊乾淨，你會以為他是隔壁的阿伯或大叔；而社會型街友就是我們一般看到的，也是我們印象中的那樣，包括有身心疾病、前科或是有不良嗜好的，社會型街友占據了一般人對街友的印象。

我想讀者應該都曾在捷運出口看過有人身穿背心在賣一本名為《The Big Issue Taiwan》的雜誌，是創辦人李取中為了幫助街友自力更生的一份刊物，簡單說，一本一百元，每賣一本，街友就可以賺取五十元，一頓飯也有了著落❷。我也曾經親身體驗街賣的工作，真的很不容易啊！

---

❷公益交流站，《The Big Issue》總編輯李取中：「如果雜誌無法吸引到讀者，就不可能幫助街賣者。」

在我們體驗過街友的生活之後，最讓我不解的是，有很多人有愛心，但也有不少人貪小便宜，跟著街友搭順風車領愛心便當，這群人被戲稱為「便當族」，夜深以後，他們就各自回家，隔天再來，也有人會把公益團體贈予街友的棉被、衣物拿去轉賣。

這些少數人的行為，可能會讓捐助者傻眼，但我認為，就算他們拿去變賣兌現，也是另一種幫助自己的方式，我能夠體諒他們的行為，況且很多街友仍很珍惜眼前的一碗飯、一件被子或一件衣服。

生命，就是學習和其他人
共生、共榮、共享

街遊導覽員賈西亞曾經是水手，後來在台北車站流浪多年，也曾經被騙，但在他看來，不被騙就學不到經驗，頂多損失錢財而已，後來透過協助街友的「芒草心」組織訓練，安排街友分享自己的生命故事，像賈西亞這樣的街

友就有能力用另一種方式與社會連結，也能夠引導外界的人更認識街友。

　　賈西亞曾經得過腦膜炎與蜂窩性組織炎，差點要截肢，甚至與死神擦身而過，大難不死的他，痊癒後雖然記憶力有些缺失，有些事情想不起來，卻不改樂觀個性，講話中氣十足，臉上經常掛滿笑容。他很大方地帶著剛認識的我、牧師和峻傑去他的「家」參觀。

　　他住的地方得爬上很陡的樓梯，每個人上樓後都氣喘如牛。房間不大，牆壁有不少剝落的漆，有一張舊舊的床，周邊有幾個置物櫃，其實有點像是臨時居住的空間，一個快煮鍋擱在床邊地面，裡頭還有熱騰騰剛煮好的泡麵，他說：「房子很簡陋啦！但只要自己住得舒適，就好了。」我非常感謝賈西亞毫不遮掩地跟我們分享自己的家，我們現在還有多少人願意讓陌生人走進自己家裡？這個不算優質的居住環境，一個月的房租還得要四千元，但他仍很樂觀：「做人要開朗一點，有貴人幫我啊！」

　　賈西亞可算是街友翻身的成功案例，也再次證明，只要有機會，街友是可以用自己的力量重新站起來，只是社

會大眾的眼光願不願意深入了解他們而已。

在我們結束三天七十二小時的街友體驗後，松慕強牧師說，有人認為街友不事生產，對世界來說，他們是浪費資源、多餘的人，而他也不斷思考，上帝為何會讓這些人存在我們身邊？「也許是挑戰我們這些有資源的人，要我們學習如何與別人共生、共榮、共享，也藉此看到他們生命的尊貴與我們並沒有不同。」牧師說。

那麼我呢？其實我的心情跟第一次睡在北車一樣，都有點痛苦，因為我可以宣告體驗結束，回家舒舒服服地睡在自己的床上，但因為這次又跟幾名街友有更深刻的互動，更能感受到他們所遭遇的處境，我，可以選擇回家暫停一切，那他們呢？

愛、家庭、朋友是人的基本渴望，他們何時才有機會滿足這些期待？

台客劇場參照影音

①我在愛心尾牙認識的阿伯

②街友三天三夜！PART 2 為什麼鄉下沒有街友？

video

Disclaimer

影片使用的糖尿病營養資訊
顛覆了一般醫生或營養師的看法
我們不確定能完全認同
。但有糖尿病患者因著這些作法而痊癒
我們願意測試並分享，希望也是成功案例

DAY 1

DAY 3

▶ ▶| 5:20 / 9:30

🔊 ⚙ ⛶

-0,7EV
ISO 100 1/80 F4.0

REC
00:12:04 | 45:00

第七章

傳統營養學要不要 update 一下？

不要相信營養學是一成不變的，
沒有病人，才是醫療的
最終目標。

4K | 3840 × 2160
3 0FPS | 70Mbps

~01:30

　　台灣最令人又愛又恨又無法逃離誘惑的就是美食，夜市小吃、麻辣鍋三不五時可以來一下，再加上過年一連好幾天的豐盛菜餚，烏魚子、臘味飯、香腸、烤雞、佛跳牆、東坡肉……Oh My God！這再度喚醒了我青春期肥胖的夢魘！

為了一個心儀的女孩……

　　講到減肥，我可以說是身經百戰。

　　大家看到現在的我，大概很難想像我小時候胖嘟嘟的模樣，那正是最在意外貌的青春期階段，讓人苦澀到想關起門來搞自閉，偏偏胖胖的我暗戀了一個女生，於是從那時起，我開始意識到要讓自己的外型瘦一點、好看一點，不想再和「肥胖」劃上等號，於是展開了人

生第一次的減肥行動。

　　別看我當時年紀小，我的減重方式很科學，飲食與運動雙管齊下，對卡路里和營養學也有基本概念，直到現在，每次進食的時候，我都會下意識地想：「這有幾卡？」「今天吃了多少熱量？要花多少時間和運動才能消耗掉？」當然，想歸想，往往一忙就拋到腦後了。

　　回到中學那次減重經驗，暑假結束後，我到學校時，同學們一看到我就問：「你是 Alex 的弟弟嗎？」這話聽了讓我爽到不行，兩個月我至少瘦了二十公斤，根本就是換了一個人！

　　女孩有沒有追到不是重點，重要的是，我終於體會到身材輕盈的美妙，因此，「減肥」這二字就從那一刻開始緊緊跟隨我，至今都快三十年。

　　當然不是那次減肥成功後就維持到現在，跟很多人的減重經驗一樣，吹氣球般的忽胖忽瘦也一直是我的循環，比較大的體重起伏大約有四、五次，減肥至少超過十次，當然也就失敗十次以上，直到我當爸了，大概是年紀到了一種穩定的狀態，體重也差不多就在這，頂多上下兩三公

斤，我就會受不了，萬萬不可能忍受自己站上體重計後數字無止盡地狂飆。

　　對了，岔個題外話，固定量體重也是很重要的工作。

減重是無止盡的學問

　　我幾乎試過所有減肥方法，如果問我最喜歡哪種方式，當然是斷食，比起其他減重方式，斷食簡單多了，完全不用思考該吃什麼，不吃最快，而且當你們都因為午餐而需要小憩片刻時，我卻像勁量電池一樣，不因飲食而中斷工作，一路從早工作到晚，是很有效率的狀態。

　　有人認為斷食太過激烈、不利健康，也違背了我們長期以來「一天三餐」的習慣與信念。拍攝間歇性斷食週記後，我開始認真思考：究竟一天三餐的飲食規則，是怎麼冒出來的？

　　從遠古歷史來看人類飲食演化過程，從來都不是固定進食，肚子餓了才會覓食，也得找到食物才能吃，人體的

設計就從這樣的源頭而來，當肚子空了，我們所需的熱量就可以從之前囤積的脂肪來供給，所以沒有一天該吃幾餐的鐵律。

而事實上，從古至今，一直有人在斷食，不論是耶穌、佛陀還是瑜伽修行者等宗教都有斷食傳統，甚至把進食過量視為罪惡，連藝術家達文西也是一天一餐，因此我認為，一天三餐跟生理關係不大，而是跟工業革命後的社會作息狀態、文化演進發展比較有關。

現在已經陸續有很多醫學研究浮上檯面，證明人處在半飢餓狀態的身心狀況最好，適時空腹能讓身體的五臟六腑進行休息與修復工作。你也許會說，一餐也好，三餐也罷，都各有根據，但究竟哪一種比較健康？這我也沒法下結論，因為我相信一天一餐就好，所以我都看支持這看法的資料，假如你相信一天三餐才對，你也會去蒐集有利於一天三餐的論點。

而真相，就是容許這種討論過程，而非訂出唯一不被質疑的真理，因此營養學不是一成不變的道理，五十年前跟五十年後相互對照，就可以一目了然。

斷食大哉問

　　間歇性斷食（intermittent fasting）是比較溫和的方式。

　　我們在日常生活中，夜晚睡覺就是間歇性斷食的一種，假設早上六點吃早餐，中午十二點吃午餐，晚上六點吃晚餐，那麼晚餐到隔天早上間隔了十二小時，扣除食物消化需要兩小時，每天大約有十小時是斷食狀態。

　　如果直接告訴你十小時不可以吃東西，你一定覺得很難捱，但把這十小時轉換成睡眠，就不會這麼難受。如果要在白天進行間歇性斷食，可以從不吃早餐開始，把前一晚晚餐與隔天進食時間拉長，等到午餐再開始吃，這樣就有至少十六小時是斷食狀態，但要記得，等到開始吃東西時一定要節制，別因為飢腸轆轆就吞下大量食物！

　　讀者可能會對這種做法有很深的質疑：早餐不吃，可以嗎？讓我先從早餐的英文 breakfast 開始說文解字吧！

　　breakfast 是「break」打斷，與「fast」斷食的組合，意思是把斷食給阻斷掉，所以「早餐」真正的意思是要阻斷我們從前一晚連續十小時沒進食的狀態，所以多數人習慣

的早餐時間如果沒吃早點，以斷食狀態來說，只是把「阻斷進食時間延後」而已。

對斷食最多的質疑是減掉的是肌肉，不是肥肉。恭喜，你對了！不論哪種減重方式，一定都會減到這三種東西：水分，肌肉，脂肪。

而根據我的醫生朋友Dr. Jason Fung解釋，若從「減少熱量吸收」與「間接性斷食」兩種減重方式相對照紀錄，以三十二週來看，減少熱量吸收的確減少比較多的脂肪，相對之下，肌肉量多了○‧五％，而間接性斷食則多了二‧二％的肌肉量，因此，斷食比減少熱量有效地保存肌肉量多達四倍！所以不用擔心間歇性斷時會變成弱雞泡芙男。

不過，要有效增加肌肉量，還是得透過運動與營養補充雙管齊下，而間歇性斷食是很好的推進器。Thomas Delauer與Kinobody都是YouTube上很有名的斷食猛男，他們都倡議斷食帶來的健康與好處，有興趣的朋友不妨上他們的頻道看看。

即使斷食沒有大家所擔心的那些狀況，但我仍想提醒幾件事：

第一，很多朋友一路看著我的影片，都知道我會拿自己的身體做實驗，但我不是你的健康顧問，而且醫生或營養師都不會推薦你採取斷食這種方式，連我爸都覺得這太瘋狂了。

不過，我從國外網站讀了很多資料，大多建議可以採取二十四小時到三天這種短期斷食，對心臟病、高血壓、高膽固醇、肥胖者都有好處，我也相信斷食對健康是有好處的，但是！但是！但是！第二件事是，我所相信的絕非唯一真理，請你一定要跟你的醫生討論，聽取他的建議，我跟大家分享這些經驗，是希望幫助大家對斷食有更多了解，而非鼓吹它是最好的方式。

斷食中可能會面臨的煎熬與誘惑

一、體重不減反增？

千萬別以為肚子空那麼久，兩三天下來一定會瘦，告訴你，當我間歇性斷食進行到第二天時，一站到體重計上……哇！八十二‧一公斤！比前一天多了〇‧六公斤，怎麼回事？

我相信有過減肥減重經驗的朋友，對於這種體重不減反增的結果，一定會非常懊惱。有些人會因此就放棄，乾脆大吃一頓，明天再說，但是，這是維持一週的長期抗戰，說什麼，我也不能被眼前的數字擊潰。

二、好想吃東西喔……

斷食到了一個階段（通常都是在晚餐前兩三個小時），狀態最恐怖，看到什麼食物都想吃、什麼東西都好好吃，這種感覺會讓人非常焦慮，心神不定，我的方法就是：喝咖啡。

如果你不適合也不能多喝咖啡，不含糖的茶類飲料可以試試，就是讓嘴巴滿足一下有味道的感覺，安定一下自

己的身心。

三、遇到飯局怎麼辦？

我這次間歇性斷食的一週計畫卡到要去日本，怎可能不吃日本料理？因為時間接近斷食週記尾聲，所以我第五天就採取全天斷食，直到第六天晚上才吃晚餐。

斷食到了第五天，我體重是七十八・九公斤，比斷食前瘦了二・六公斤。

老實說，這樣降體重的速度實在太快，如果維持這種速度，對身體健康不見得是好事，但證明了：間歇性斷食對我而言是有用的工具。

老爸的糖尿病讓我反思傳統營養學

血糖的正常值是在100 mg／dl 以下，如果介於一百至一百二十五之間，就是前期糖尿病，也就是糖尿病高危險群。血糖太高，臟器會爛，長期下來對身體會有很不好的後果。

　　過去十多年來，我看著爸爸每天固定時間量血糖，一會兒是一百多，一會兒又兩百多，他自己是醫生，因此也都很安分地遵從醫囑，吃藥、打胰島素，血糖就是無法穩定下來，十年來高高低低，未見改善。

　　吃飯跟打胰島素像是無止盡的循環，糖尿病的控制只能這樣嗎？

　　我試問過一些專家，包括醫生、護理人員、相關領域研究人員等，他們都一致地告訴我：「糖尿病就是要打胰島素長期控制，沒有其他方法，也沒有什麼機會痊癒。」不能痊癒？雖然我看起來個性溫和，但骨子裡藏了一些反骨基因，不能痊癒講得這麼斬釘截鐵，我開始上網爬文，閱讀所有關於糖尿病的資料與影片，想找反例。

　　當我試著用中文搜尋「糖尿病痊癒」這個關鍵字，真的沒啥資料，幾乎所有文章都一面倒向「不會痊癒」，可是，用英文「diabetes diet cure」來找，就有很多成功案例跑出來！你說，這不是一件很妙的事嗎？講中文，不能痊癒，講英文，就能治癒？英文比較強？我想，不是。

　　帶著打破砂鍋問到底的精神，我決定繼續追下去。

　　理由很簡單，如果前面那些數據與研究說了，糖尿病跟飲食習慣改變有關，那麼不就是把錯誤的飲食導正回來就好，也才是根本嗎？怎會是以無止盡地吃藥打針作為對抗疾病的唯一手段？

　　好在從國外的醫學研究網站資料裡，已經有很多人研究糖尿病的「非傳統」療法，包括生機素食、低醣飲食、生酮飲食。

　　生機素食是我最早接觸治癒糖尿病的訊息，國外有部紀錄片在講一個糖尿病患者群如何運用生機素療法來控制，甚至治癒他們的糖尿病，而且他們都不靠藥物。但這方法滿容易破功的，因為我本來就很容易因為嘴饞吃一些不健康的食物，意志力不夠的人，要這樣吃真的很考驗。

　　此外，生機素食的成本不低，例如需要攝取的堅果類，本來就不便宜，如果要外食，得去生機素食店吃東西，這些都比一般餐廳貴，我想不是我們大部分人可以天天消費的選項。

重新檢視我們一直以為正確的道理

　　因此，我開始跟老爸一起嘗試低醣飲食。請注意，低醣飲食的醣，是酉字邊的醣，不是米字邊的糖，醣不等於糖，糖是指有甜味的食物，而醣是碳水化合物的總稱，穀類、澱粉等，所以低醣飲食指的是減少碳水化合物的攝取量。

　　低醣飲食通常會增加脂肪酸攝取，我爸心臟手術後的第一餐是肥滋滋的豬腳，這幾乎顛覆了一般人的認知。心臟不好，不是該清淡、少油嗎？我們通常都會認為飽和脂肪酸不應該吃這麼多，因為它容易阻塞血管，也是導致心血疾病的主要原因之一，而且坊間醫師絕對都是建議要低油低脂飲食。

　　然而，現在有另一派說法出現，他們倡議飽和脂肪酸很健康！美國兒科內分泌專家羅伯特・路斯迪格博士曾分析，根據長期以來的調查統計，營養學背後贊助的資金來源如果是食品公司，實驗結果會讓該公司獲得好幾倍的利益。

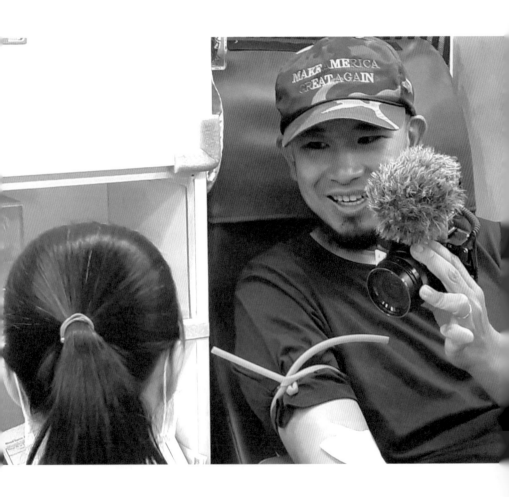

　　哇塞！這豈不是說，你我一直奉為圭臬的營養知識，背後都是這樣被出錢的食品公司所掌控？路斯迪格博士的研究曾經引起美國一陣譁然，但也就此讓大家重新檢視過去我們一直以為的健康飲食，究竟健康還是不健康？

　　過去主流營養學倡議的健康飲食，有六〇％是碳水化合物，現在衛教資訊教導糖尿病患飲食，還是要吃下一定的量的碳水化合物，但事實證明，糖尿病患不僅有增無減，且病情也毫無進展，即使在藥物、施打胰島素控制下仍趨向惡化，最後直接告訴你：「糖尿病是無法痊癒的！只能控制。」這會不會是拿結果當理由、本末倒置的說法？

　　但如果以低醣（二〇％）或者生酮（五％）飲食的角度來看，減少攝取碳水化合物，不僅可以有效減肥，而且對糖尿病的病情也有幫助，這在我爸身上獲得證實，也因此讓我更有信心提出來跟你們分享。

問題不在飽和脂肪酸，而是碳水化合物！

　　在研讀資料的過程中，我對飽和脂肪酸（牛油、豬油等）很困惑，過去大家說這是不好的油，現在又有人說這是好的油，哦，我昏了！

　　一九八四年三月的《時代雜誌》寫著：「飽和脂肪酸是邪惡的。」過了三十年，同一家雜誌在二○一四年六月號卻說飽和脂肪酸是好的，這是跟讀者裝肖維嗎？不騙你，我有種被騙了三十年的錯愕感，這很像是如果我爸突然有一天跑來跟我說：「兒子，其實我不是你爸。」這會讓人搥胸頓足欸，是不是？

　　我甚至很不滿，嚴重懷疑這些資訊老在搞我們的健康，所以才逼得我們常常要健康檢查。

　　一定不只有我會這樣被這些紛雜的資訊搞得團團轉，我相信大家對現在這些反反覆覆、前後矛盾的健康資訊一定都會覺得七葷八素，因為有時候說這樣好，下一刻馬上又說不好，簡直讓人無所適從。

　　直到現在，我覺得營養有點像信仰，每一派都覺得自己是對的，而相信的人就會相信，不信的就是不信。我做這件事，透過影片來整理並釐清一些資訊，早就預期會招來很多批評，但我仍願意試試，因為我真的想整合這些龐雜的訊息，並希望對我爸的健康有幫助。

　　我爸雖然很支持我，也認同低醣的論述，但真正開始進行低醣飲食時，他仍不免擔心，於是我找了很多國外的研究期刊論文翻譯讓他看，國內也有生酮飲食的專家郭葉璘醫師大力推廣，多方背書下，我爸終於比較安心跟我一起開始低醣飲食。

沒有病人才是終極目標

　　就在開始低醣飲食後，我爸把藥物停止，胰島素減半，以免血糖太低，他能這樣調整是因為他是醫生，如果是你們，就得找醫生來做這部分的商討。

　　兩週下來，萬萬沒想到我爸透過醫學治療十年做不到的事，這兩週竟然達到，他每天早上量的血糖平均值都在一百一十以內，是非常棒的結果！而他的糖化血色素在一個月內降了○‧五，這是很不容易的數字，而且低醣飲食菜單比之前醫生開的糖尿病患者建議菜單好太多。

　　但我不是說低醣是萬能或是你有糖尿病就該吃低醣，我是透過這段時間製作這樣的主題影片想提醒大家，尤其是醫學院的網友們：不要相信營養學是一成不變的，沒有病人，才是醫療的最終目標。

　　我沒有醫學背景，也不是營養學專科，我的初衷只是想幫老爸的糖尿病開始嘗試一點不同的飲食調整，也純粹只是希望把我認為好的資訊分享給大家，因此這行動背後沒有任何商業目的，也沒有被任何醫學會綁架。

　　製作兩集「挑戰老爸的糖尿病」之後，反應相當熱烈，也聚集了媒體的焦點，但這都非我一開始所設定的。網友有認同我的，也有質疑，甚至抨擊我的，但這樣非常好，表示網友都很願意對我提出不同意見，而不是一味認

同我。如果太一面倒向支持我，這樣也表示我可能有點問題，再不然就是我提出的觀點沒有什麼激盪思維的意義。

其次，一如我在影片片頭強調過的，在本章裡，我仍要聲明：我所引用的糖尿病營養資訊，顛覆了一般醫生或營養師的看法，但確實有糖尿病患者因著這些作法而痊癒，我們因而願意測試並分享。

最後，我要再三強調，如果你是糖尿病患，而你已經開始低醣或者生酮飲食，務必要讓你的醫生知道！讓醫生知道你現在的身體狀況，並針對你的用藥進行調整，我不是要大家不信任醫生，而是要跟醫生好好搭配，才是真正的健康之道。

台客劇場參照影音

①一天只吃一餐減肥超有效！間歇性斷食的一週心得

②間歇性斷食、一天只吃一餐減肥？Q＆A回答重要問題

video

5:20 / 9:30

第八章

行動吧！找回美麗的福爾摩沙

海灘的垃圾還可以歸咎受環流影
響，飄來很多別國垃圾，
但山呢？當然都是我們自己人
製造的垃圾。

你已經習慣骯髒的
沙灘了嗎？

　　我在美國求學時，住在加州聖塔莫妮卡，海邊離我很近，跑步十五分鐘就可以到，當地的人很自然地跟海打成一片，喜歡海、享受陽光，不只白人喜歡健康膚色，那裡的華人也愛晒，這跟台灣很不一樣，我老婆也是會撐陽傘怕晒黑的女人，但這在美國幾乎是不可能發生的事。

　　他們熱愛關於海的一切，在海邊運動、打球、玩水、休閒，海是日常生活的一部分，在那環境裡耳濡目染，我自然也愛上各種海上活動，包括衝浪、游泳，海，就是那麼藍，那麼可以令人放鬆。

　　回到台灣以後，我以為台灣是四

面環海的福爾摩沙，會有更迷人的海灘，沒想到一到沙崙時，完全粉碎了我的期待。

　　不知道台灣人是不是已經很習慣骯髒的沙灘？我走在布滿垃圾的沙灘上時，遇到一些老外，忍不住問他們對台灣海邊的感覺，他們都聳聳肩苦笑說：「很髒！」面對這些不知道哪來的垃圾，我一方面覺得難過，同時也很想知道該怎麼辦才好，因為我想到自己還有小孩，就不忍心讓他們生活在一個髒亂的環境裡。

　　第一次帶老婆和小孩去沙崙時，連兒子都被眼前的垃圾嚇到，還好小孩的彈性很大，當我們告訴他這些垃圾可以拿來當成沙城堡的裝飾時，孩子很快就逆轉對「垃圾」的不好觀感，發揮想像力，把這些廢棄物變成有意義的遊戲。

　　我原本也擔心老婆會反彈，怪我帶他們來到這不安全又不舒服的地方，但她不僅沒有抱怨，而且跟我一樣，憂心這些海灘上的垃圾，於是我之後所有的淨灘行動，她都給我很大的支持與鼓勵。後來我們有機會幫宜蘭環保局做一支影片，也是從淨灘角度切入，老婆撿垃圾比我還投

入，巴不得把沙灘上的垃圾一口氣撿光！

　　每次淨灘，感覺都像是強迫症發作，很難罷手，也很不願意停工，尤其看到沙灘因為自己的行動而變得不一樣時，背後更會有一種動力催促著我繼續做下去。

淨灘初試啼聲

　　起初，我不知道什麼是淨灘，在網路上找資料逛著逛著就發現了 RE-THINK 這個團體❶，這是由美國人 Daniel Gruber 和台灣人黃之揚、黃品璁號召發起的環島淨灘行動組織。為什麼老外比我們還更珍惜台灣的海？這實在讓我太好奇了，於是我決定去參加他們的淨灘活動，順便拍

---

❶二○一三年，美國人 Daniel Gruber 和黃之揚、黃品璁感嘆台灣自然環境受到垃圾汙染迫害，號召起環島的淨灘行動，因而創立「RE-THINK 重新思考」環保行動，在各地召集群眾一同改變環境，透過行動教育、教育講座、網路倡議，讓台灣人正視環境現狀、重拾與環境連結、改變生活型態。
為了更永續發展，RE-THINK 在二○一七年成立「社團法人台灣重新思考環境教育協會」，希望號召更多人才投入環保。

攝，不僅可以了解他們的理念，也幫他們做宣傳。

　　Daniel也非天生就知道環保，更別說淨灘。是有次與朋友去小琉球旅遊，在海邊喝喝啤酒放鬆聊天時，島上的長輩叮嚀他們：「離開時要把身邊的垃圾撿乾淨。」Daniel正好背了一個大背包，於是他遵照長輩的話，開始撿拾沙灘上的垃圾。

　　這畫面被其他人看到後，驚為天人！不不不，我中文不好……用網路術語說，網友對於Daniel的行為感到很暖心，也有一些羞愧，因為自己的土地，老外居然比我們還愛護。

　　結果Daniel形容這些照片「像是病毒一樣在網路傳來傳去」，但他認為是台灣人讓這件事情發生。或許，我們都有意識環境被自己破壞了，也希望復原，只是欠缺了實

際行動。當一個金髮碧眼的外國朋友都能付諸實踐，自然會帶給我們一種正向刺激與鼓勵。

Daniel連續來宜蘭情人灣淨灘兩年，「情人灣」這名字很好聽，但他說第一次來時，沙灘幾乎被大型垃圾占滿，跟名字完全連不上，第一年淨灘都在處理巨大廢棄物，第二年再來就好很多，幾乎都是一般容易撿拾的垃圾。可能是我才剛密集撿菸蒂不久，眼睛非常容易聚焦在菸蒂上，在沙灘上，小小的一根菸蒂，若不仔細看，我們很容易踩過而不自覺，還有人會以為這些垃圾是貝殼，一點都不誇張。

莫非大家真的以為海浪一沖，菸屁股、垃圾就會消失？

Daniel無法理解我們身為島國居民，為什麼不跟海洋

連結？原來我們的連結是把海洋視為巨大垃圾場，從居民、漁夫到觀光客，都沒把海洋當成滋養生命的來源，我們以為可以與海洋切割，可以不負責任地糟蹋而不影響我們自己。但是，怎麼可能？

　　和 Daniel 淨灘後，我就常常關注 RE-THINK 的行動，也不斷跟他們請教淨灘的相關資訊，讓我從淨灘門外漢漸入佳境，之後，我獨自前往龍洞。

　　去龍洞，是因為每次開車沿著濱海公路經過時，總覺得它很美，而當我準備淨灘、順沿著岩石往下，細看每一寸土地才赫然發現垃圾不少。不意外的是，菸蒂仍是最多的垃圾，可能因為它很小，容易被忽略，其次讓我覺得刺眼的是塑膠瓶罐。但因為龍洞很多垃圾夾藏在岩縫裡，跟平坦的沙灘不一樣，我一個人能撿的不多，也滿驚險的，還得拉繩索才能走。

　　不過，這種得以近乎垂直方式撿垃圾最驚險的不是龍洞，而是淨山！

淨山，是一種特技

　　二〇一七年受到綠色和平志工邀請，我的「淨」行動，從海邊、街道延伸到山上，不去沒感覺，去了才知道深山裡的垃圾汙染程度一點都不遜於海邊。

　　放眼望去，海灘上的垃圾很容易被我們看見，可是山裡的垃圾都被樹遮住，這也讓許多沒有公德心的人更加囂張。海灘的垃圾還可以歸咎受環流影響，飄來很多別國垃圾，但山呢？當然都是我們自己人製造的垃圾。

　　一般清潔隊員無法清理深山裡的垃圾，這得仰賴一群技術人員用垂降、懸空方式慢慢撿，根本就是在攀岩走壁，我有懼高症，但為了記錄這淨山過程，還是得強顏歡笑面對鏡頭，最後不得不鼓起勇氣向下跳⋯⋯

　　在垂降過程中，原本的恐懼逐漸被眼前種種考驗取代，包括隨時要小心落石、蜂窩、蟲蟲危機，可能還會有蛇！當零零星星垃圾出現在我眼前時，那股想撿拾垃圾的淨山動力終於召喚了回來，卯起來想把這些垃圾都帶走，懼高？早就消失了。

　　山裡，什麼垃圾都有，針筒、泡麵、啤酒罐……還有一堆強力膠，實在搞不懂到底是哪來的啊？淨山的挑戰不是垂降，垂降只是克服自己內在的恐懼，背滿垃圾上來才是考驗，因為要有強健的雙臂與腿力，才能爬得上來，總不能叫別人拉我啊，所以爬回來真的有夠累。

　　這些志工們用假日來淨山，由於撿拾垃圾成果豐碩，如何把這些垃圾運載下山，也是一項巨大工程，但他們對於自己的付出沒有怨言，倘若有情緒，無奈會占多一點。

　　經過大半天的淨山行動，我們把垃圾分類後歸納出垃圾排行榜，第一名是塑膠碎片，第二是免洗餐具，第三是電線塑膠外皮，第四是紙袋與塑

膠袋，其他就是各種瓶罐、食物包裝、吸管
與攪拌棒等一次性使用物品。

　　這又再次衝擊著我：使用一次性商品的
習慣，是不是到了應該改變的時刻？

　　如果你駕著車，舒適乾淨開往山林，
愜意地享受芬多精時，只因為你不喜歡把垃
圾帶在身上，就隨手一丟，以為看不見就沒
事，日後讓這些志工要冒生命危險撿拾，然
後他們的車成了你的垃圾車，這樣對嗎？這
是我們的教育嗎？

希望就此斷貨的蘭嶼伴手禮

　　不知道你有沒有去過蘭嶼？如果去過，
除了享受那兒舒服的生活節奏與自然風光，
你是不是仍帶著在台灣都會的便利生活習
慣，來此依舊仰賴著島上唯一的便利商店？

我想，也許有不少朋友一看到蘭嶼的小七時都會非常興奮，至少很多民生需求都可以在此得解決。不過，我提出一個很簡單的問題提供給大家思考：在便利商店還沒進駐蘭嶼前，當地居民是如何生活的？

這家便利商店是在二○一四年進駐蘭嶼，當時鬧得沸沸揚揚，支持與反對聲音都有各自的立場，當地居民最直接的不滿像是：

「你們可以用 ibon 買票、網購店配、代收費用，而蘭嶼人不行？」

「農會超市都進駐了，我們蘭嶼人為什麼就不能多另一種商店選擇？」

另外也有人擔心，遊客來到這就會「逐便利商店而居」，而疏遠當地的美食與生活文化，看似來此一遊，

卻對當地的風俗越來越遠。

　　不論是贊成或者反對，誰好誰不好，我想都有各自的立場與論述，這邊我提出來只是讓大家思考，而我想指出此刻蘭嶼實際上已經面臨的問題是：一年十三萬人次遊客，平均一天至少製造四噸垃圾，其中有很大比例是塑膠瓶罐與一次性的塑膠產品，但蘭嶼自己無法消化這些垃圾，每年要花上八百萬元把這些垃圾運回台灣處理。

　　儘管蘭嶼人已經很積極地用這些廢棄物創作裝置藝術了，但根本沒法消化排山倒海湧入小島的空瓶。

　　在這人口比山羊還少的地方，塑膠瓶罐卻以誇張的倍數遞增，如果不積極面對，小小的蘭嶼恐怕都會被塑膠瓶罐給淹沒，台灣已經把核廢料丟給蘭嶼，如果還把垃圾帶進蘭嶼，是不是太殘忍了？教會邀請我一起去蘭嶼，我終於踏上了這塊離島。他們去宣教，而我，決定開始騎機車環島撿空瓶，小小的蘭嶼騎機車一小時就可以繞完，我邊騎車邊欣賞風景，當然一邊撿垃圾。

　　政府宣導希望每位遊客可以帶走一公斤的垃圾，這根本是小case！我把撿回來的空瓶洗乾淨後，放進我事前準

備好的空行李箱，一到機場秤重……yup！限重十公斤，我的行李一秤，正好九‧九，地勤人員大概以為我帶了什麼蘭嶼紀念品要送給親友。

　　的確，這一大箱確實是很特別的伴手禮，而我希望，這種伴手禮會慢慢斷貨、搶手、然後永遠消失。

台客劇場參照影音

①冒險用生命愛台灣的山

②老外愛台灣！淨灘達人 Daniel Gruber 的一天

video

5:20/9:30

要怎樣教育
遊客不要
亂丟垃圾
？？？

-0,7EV
ISO 100 1/80 F4.0

REC
00:12:04 | 45:00

第九章

地球人，
動起來！

地球就是我們的家，身為地球的一
名成員，我們都是室友。
這樣，我們怎能忍受自己的
家被汙染？

~01:30

4K | 3840 × 2160
3 0FPS | 70Mbps

從墾丁春吶到貢寮海洋音樂祭，我想很多朋友可能都會不自覺地把海灘音樂活動跟髒亂連結在一起，這不能怪大家，因為是事實，往往音樂祭熱熱鬧鬧結束後，沙灘上都是垃圾。

很喜歡電音的我，也因此思考著：難道不能在海邊輕鬆愉快的氣氛下，欣賞音樂，又維持乾淨的環境嗎？

當然還是老話一句：我不是一開始就自詡為環保努力，而是生活中有太多問號，引發著我想一一解決心中的困惑，然後就走上今天的方向。

當然也一路，更加認識台灣這片土地的美。

第一次號召的淨灘行動

　　回想我二〇一六年第一次號召朋友們來沙崙淨灘時，因為沒經驗，所以很緊張，當時氣象預報說天氣不太好，萬一下雨可能無法順利進行。

　　結果當天一早，我住處的車庫出了問題，車開不出來，這下可好，萬一遲到，被網友以為我揪團揪一揪落跑，成了詐騙集團首腦，那還得了？於是我三步併作兩步，急急忙忙奔上捷運和小黃，希望在最短時間內抵達集合地點。

　　一到現場，證明所有事都是我杞人憂天，不但天氣好到不行，而且早就有一些朋友自發性地開始淨灘。但我有點蠢，一看到朋友們提早淨灘，還擔心垃圾被他們撿光了怎麼辦？等到我正式開始，後面來的人豈不是沒垃圾可撿？好笑吧！這只能說，再一次凸顯出我的無知。

　　有些朋友比我有經驗，手套、垃圾袋、夾子、水壺、帽子等裝備都很齊全，看到這畫面，讓我的焦慮瞬間成了元氣滿滿的動力。

　　當天來了超過兩百人，這對第一次號召淨灘行動的我來說，完全是無法想像的成果，也讓我深刻感受到一件事：網友們與我透過網路連結，是可以化為真實世界的具體行動，這就是自媒體的力量，也讓我慢慢感受到身為YouTuber的價值與使命。

　　有了這次號召淨灘初體驗，促成了一年後連續一週不斷電的環島淨灘大行動。同時，也想趁機認識更多台灣家園的生態環境。

環島淨灘START！

　　有人問：為何要連續淨灘，不分批進行？

　　我從實招來：我做事喜歡一氣呵成，而且會想念我的兩個小寶貝，一口氣完成任務，我就可以安心回家陪孩子。

　　又有人問：那幹嘛不帶著孩子一起淨灘？

　　這件事我跟老婆討論過，我們如果是自己出遊，就像

之前玩沙城堡那樣的話，可以帶孩子一起出來從體驗中學習，然而這次行動時間長，面對的又是我們都不熟悉的現場，還必須關照一起參與行動的朋友，畢竟孩子還小，工作中很難兼顧孩子，所以決定專心與工作夥伴們一起度過這八天的任務，小孩暫時放家裡。

　　這次規畫從台北往東部出發，一路是花蓮七星潭、台東加路蘭北段、屏東後灣、台南四草觀夕平台、嘉義布袋好美里沙灘與台中高美濕地。

離開大台北地區，外縣市幾乎是人生地不熟，因此得仰賴在地人士與團體協助我們尋覓地點進行淨灘，也要安排好清潔隊，這些往返過程很細瑣，都不是我的強項，多虧有台客劇場夥伴可以在行前張羅這些事，不然依我很隨興又神經大條的個性來講，這場活動鐵定很難順利進行，整趟行程一起跑的是製片東風與他的兒子，還有攝影阿德，我們等於是同甘共苦了八天，不簡單！

海洋垃圾是全世界的共同問題

前面有提到關於海洋垃圾問題的嚴重性❶，這些廢棄物隨著洋流可以無國界地滲入各國的海洋中，我這次在七星潭潛水嘗試潛水淨灘時，終於有親身體驗的深刻感受。海面上看似美麗的海洋，底下卻是靜靜地躺了一堆塑膠垃圾。

我們的家，已經在不知不覺中，被垃圾侵襲了。

講「我們的家」，或許你會認為你住的房子、街道很

乾淨啊！哪有被垃圾侵襲？但這邊我提出的「家」，是新的概念，也是更大的概念。地球就是我們的家，身為地球的一名成員，我們都是室友。這樣，我們怎能忍受自己的家被汙染？

　　環島淨灘行程中，最令人傻眼的是嘉義布袋的好美里沿海，除了整個海岸線都是消波塊以外，還有許多難以想像的大型保麗龍廢棄物，而保麗龍同時也是最難處理的垃圾。我們跨過層層消波塊，搬運方式也比其他淨灘地點更困難。

　　然而，最糟的地方，卻有最美的人心。

　　淨灘的夥伴們不論認不認識，會漸漸地形成一個分工模組，有人撿、有人傳送、有人載運、有人分類。一群彼此不認識的人會因為同樣目標，讓工作流程井然有序，看了真的很感動。

　　好美里沿海地理位置很偏僻，開車、騎車來的朋友不說，不少朋友是搭火車來，但他們沒有因為交通不便而卻

步，反而默默地來參與淨灘，又默默地離開，這些行動再次證明熱血的台灣年輕人不少，而且也都很願意一起維護我們的家園。

這些巨大垃圾也要特別感謝芳榮米廠提供米袋讓我們撿來的垃圾有得裝，洲南鹽場的烏鴉炅樵大哥（蔡炅樵，炅音同「冏」）看到現場淨灘情況非常感動，他也承諾我們，下回再來淨灘時，他也要提供鹽袋讓我們使用。

除了淨灘、撿拾垃圾，我們也要關心環境生態。台客劇場的夥伴讓我帶來一盒貝殼，我在台東送給了當地的寄居蟹，讓他們有殼可換、有舒服的家可以住。也不至於發生把塑膠瓶蓋當殼的窘境，既不安全又可笑。這都是人類的無知造成的。現在你知道了，下次到海邊玩時，請記得欣賞完貝殼以後，要放回原地，留在海邊讓大家欣賞，也讓寄居蟹有個家。

---

❶ 請參考第四章「與塑膠的愛恨情仇」。

愛地球，我們都是室友

　　每次淨灘，大家都會一起合影留念，拍照很正常，但我每張都比 YA，到後來都覺得自己有點無聊，於是我這忍受不了常態的個性又開始動腦：拍照，可不可以更有意思一點？既然這是因為彼此有了共同認定的目標而促使大家聚在一起行動，我突然想到柯賜海！柯賜海是誰？你可以上網 google，在此我就不多做解釋。

　　為何想到他？因為他的招牌行為就是舉牌搶鏡頭，如果我們合照可以拿些紙牌，上面寫下自己的宣言，拍照留存，這樣不是很有意思，也有意義？跟夥伴們動腦思考後，於是我們寫下了提問思考與行動宣言。

　　其中，我覺得潛水教練提出來的說法很酷！她說：「先把他變成潛水員，等他愛上海洋後，就會減少垃圾，減少塑膠袋使用。」潛水教練的答案我超喜歡，因為我相信，只要你看到海的美，自然而然就會開始想要保護大自然的美好。

除了淨灘，也要顧及濕地生態

我是個想到什麼就去做什麼的人，通常沒有嚴謹的行前計畫，邊做邊修正是我的習慣，我也很能接受變化，直到遇上高美濕地時，我終於碰壁！

我們一發布要在高美濕地淨灘時，便引發熱烈迴響，這是我們號召活動中人數最多的一場。我這神經大條的人，到了前一天，好像也有點什麼感覺，有點心神不寧，於是第二天決定提早到現場。

果不其然，高美濕地一點都不像之前的沙灘那麼髒亂啊！跟嘉義布袋簡直天壤之別，這下要怎麼淨灘呢？難不成成了一日遊？這可不行。

多虧牛罵頭文化協會理事長吳長錕先生提醒：「高美濕地不單是垃圾問題，而是濕地復育後，觀光客來了，蓋起木棧道，對環境有一定的破壞，也增加生態的負擔，還有風力發電引起的環境問題，這些都是眼前的垃圾背後更大卻看不見的問題！」

當天，我爸也來到現場一起行動，他要大夥兒放下

心中的擔心，因為濕地還是有很多埋在泥沼下的垃圾可以撿，因此這場看起來「人比垃圾多」的淨灘行動，除了撿垃圾之外，我們最大的收穫就是更加了解如何維護珍貴的濕地生態。

現場有個女孩是獨自前來，結束後，她很靦腆地問台客夥伴：「這樣就結束了嗎？可以離開了？」經過夥伴詢問了解後才知道這是她第一次參與淨灘，是因為看到我的影片就來響應的朋友，原來這場高美溼地的淨灘行動當中有不少人是第一次參與淨灘。

就在環島淨灘劃下句點時，我才深深意識到自己身為自媒體的影響力與責任。

當然，這次經驗也讓我明白「場勘」的重要性，不按牌理出牌的實驗不能完全沒依據，做好事前準備，到了現場再保持彈性應變，才是一種負責與承擔的開放。

對維護環境
許下一個承諾吧！

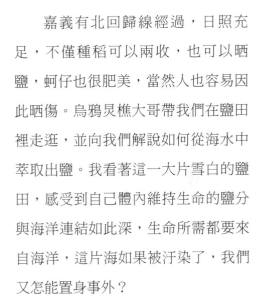

　　嘉義有北回歸線經過，日照充足，不僅種稻可以兩收，也可以晒鹽，蚵仔也很肥美，當然人也容易因此晒傷。烏鴉炅樵大哥帶我們在鹽田裡走逛，並向我們解說如何從海水中萃取出鹽。我看著這一大片雪白的鹽田，感受到自己體內維持生命的鹽分與海洋連結如此深，生命所需都要來自海洋，這片海如果被汙染了，我們又怎能置身事外？

　　這一次的環島不斷電淨灘行動，一開始就遇到颱風，沿途不知道是我們追颱風，還是被颱風追，這都不重要，令我感動的是一路上都有好朋友挺身支持並一起參與行動，也有很

多YouTuber，包括阿星人、mom & dad、賴賴纖纖等人，都不辭辛苦，千里迢迢遠道而來。我始終相信，不管是淨灘、淨街還是淨山，都應該要內化到每個人的生活裡養成習慣，成為我們每個人的日常，並且對身邊的一切保持關心，這樣才能真正地把地球當成一個家，與環境和諧共處。

　　參與淨灘的「室友」們在自己維護環境時許下了承諾，並且相信未來會更好，他們說：「台灣未來有希望，因為有我！」是的，因為有你！而，我有個海洋音樂夢，也在二〇一八年終得以實現！

台客劇場參照影音────────────────

台客環島淨灘系列

結語

　　我是很重視視覺的人，每次要製作一支影片，不管開會時間多長、討論有多少、團隊拋出多好的點子，我腦子只有一個想法：「如何用一句話來說這件事？」為什麼只要一句話？因為一句有力量的話，就會讓我的腦海浮現出非常多畫面，我就會知道畫面怎麼串、故事怎麼說。

　　這或許跟我過去在廣告圈的訓練有關，我們得從一句最能反應核心的話去發想創意與點子，而這些點子究竟怎麼落實成可以讓觀眾明白的故事，就得要不斷嘗試各種方式，嘗試各種實驗。

　　一路走來，我沒什麼驚人的本事。

　　講中文，比別人遜；談作品，比不上商業規模；對於健康或者環保等議題，我也沒比投入多年的人更了解，但我知道我有一項滿好的特質，就是喜歡實驗、勇於嘗試實驗，而且對於未知的結果，永遠都會保持開放心態去面對，所以我不怕失敗或者犯錯。

　　有不少年輕朋友告訴我，他們也想當 YouTuber，我接

著問：「你想當怎樣的 YouTuber？」
然後就沒了下文。

　　在這，我想告訴大家的是，有
夢也好，搞不清楚夢想是什麼也沒
關係，但是你一定要付出行動、去練
習，如果什麼都不做，你不會知道自
己的夢到底在哪。

　　挑戰與實驗，是需要不斷練習，
才能累積出一套屬於你自己的經驗。

　　我的個性很內向，早期在廣告
公司做事，主要是做剪接後製，並不
是拿著機器跑出去跟陌生人哈拉的角
色，加上中文不輪轉，因此只要能避
開人群，我就不會往那裡集中。

　　但是後來台客劇場慢慢定調走出
自己的路，為了做好它，我從腳本發
想，練習口條，一層一層磨練上來，
讓現場開拍越來越順利了。

接著，為了鍛鍊自己的臉皮厚度，我也突發奇想。

我跑去西門町橫躺，或是在人群中對著攝影機自言自語說不停，還跟路人要零錢搭捷運，只是為了體驗街友的感受。這些都在不知不覺當中厚實了我看待世界的角度，更多元也更彈性。

很多人會問我：「怎麼會想出這些點子？」我說，這些不是想出來的，就是腦子一有念頭，自然而然付諸行動去做就是了。

很簡單的一個念頭冒出來時，只看你要不要做，像是早起、幾天暫時不用智慧型手機、一天餐費不超過一百元等，我想每個人或多或少都有過這些「懸念」，只差沒有行動，而我只是把大家可能會有的懸念，做了出來。

我抱著試試看的心情，也想看看自己的極限可以到哪裡。說也奇怪，不停實驗後的結果，反而讓我對於「台客劇場」有了不一樣的看法。

最一開始，每當有人問我為什麼要取名「台客」時，他們都會猜是不是想倡議台灣好？是不是有使命要發

現台灣的美？還是對這塊土地特別熱愛？我都會說：「我沒想那麼多……」

但是做著做著，看似沒有特別意義的「台客」，也慢慢長出它的樣子，當然，背後的主軸與精神也慢慢因此凸顯出來，特別是在參與一系列的淨灘行動以後，我從原本不知道什麼是環保也不懂得環保，到後來自發性地從生活中開始減塑。這些具體實驗與作為，讓我懂得如何珍惜眼前的一切，特別是大自然的餽贈。

因此，如果你現在再問我一次，為何取名「台客劇場」？我會告訴你，這是出自對身處周遭的觀察，親身行動、不預設框架、沒有規則。

台客，其實就是從身邊開始展現一種你本來以為沒什麼的行動力，然後你會看到自己正在一點一滴發揮著影響力，慢慢地改變這片土地。

相信，開始做，就對了！

圖片提供

林冠廷：P031、044、049、087、101、153

張家君：P026、053、056、061、160、214

白昆禾：P022、031、065、071、104、109、116、
　　　　121、128、136、140、149、156、172、
　　　　176、178、181、204、207、210

國家圖書館出版品預行編目資料

台客劇場的人生實驗室／林冠廷 著；
-- 初版 -- 臺北市：圓神，2018.09
224 面；14.8×20.8公分 --（圓神文叢；235）

ISBN 978-986-133-660-2（平裝）

1.自我實現　2.生活指導

177.2　　　　　　　　　　107009862

www.booklife.com.tw　　　　　　　reader@mail.eurasian.com.tw

圓神文叢 235

台客劇場的人生實驗室

作　　　者／林冠廷
撰　　　文／陳心怡
企畫協力／張家君・李菁萍
發 行 人／簡志忠
出 版 者／圓神出版社有限公司
地　　　址／台北市南京東路四段50號6樓之1
電　　　話／（02）2579-6600・2579-8800・2570-3939
傳　　　真／（02）2579-0338・2577-3220・2570-3636
總 編 輯／陳秋月
主　　　編／吳靜怡
專案企畫／沈蕙婷
責任編輯／歐玟秀
校　　　對／歐玟秀・林振宏
美術編輯／潘大智
行銷企畫／詹怡慧
印務統籌／劉鳳剛・高榮祥
監　　　印／高榮祥
排　　　版／杜易蓉
經 銷 商／叩應股份有限公司
郵撥帳號／18707239
法律顧問／圓神出版事業機構法律顧問　蕭雄淋律師
印　　　刷／國碩印前科技股份有限公司
2018年9月　初版

定價 350 元　　　ISBN 978-986-133-660-2

我的愛地球行動

 【地球人愛台灣行動】

台客劇場2016起開始將淨灘納入日常，曾經訪踏的足跡：蘭嶼、澎湖、宜蘭
冬山河、花蓮七星潭、台東伽路蘭、屏東後灣、台南觀夕平台、嘉義布袋、
台中高美濕地、台北淡水沙崙，以及南投淨山。你是否曾經參與？
▶2018，歡迎你也一起來加入。